岩手謎学漂流記

読んで旅するイワテ50の奇譚

高橋政彦
Masahiko Takahashi

angelpasser

はじめに

幼い頃から私は、ある種の〝被害妄想〟の心情を抱かざるを得ない環境の中で育てられてきた。それは故郷である岩手が、長く時の権力に靡《なび》かず、さりとて必ずしも抵抗することもなく、その時代に応じたカタチで独自な国づくりをしてきたこと、そして、そうした歴史を学ぼうとすればするほど、服従しなければならない側として、苦い水を飲まされ続けてきた歴史の残滓《ざんし》を突きつけられるからである。

中央権力からエミシと蔑《さげす》まれた時代や、独自の文化を開花させ、栄華を極めながら攻め滅ぼされた藤原氏の平泉文化の時代。義を貫いたがために賊軍とされた幕末から昭和に至る時代。東日本大震災で自然災害を被るとともに、人災に脅かされているという事実もまた一連の悲しみの歴史、冥《くら》い歴史的周期の一端にあるのかもしれない。

しかし、こんないわばひねくれた感情の果てに、自分たちの故郷というものが何度も繰り返し悲しみの連鎖の中にあり続けたが故、ここに潜在する魅力的なものの多くが深く語られず、あえてひっそり地域や風土に内包し続けてくることができたのだと思えるようになった。この北の大地や森や海の至る所には、まだ知れぬ財宝が眠るのである。ところで「謎学」を探求しても、ほとんどの場合、答えが見つからない。正解の出しようがないのだ。しかし、この正解が出ないところが一番の面白みであると感じている。正解は出ないが、謎に対峙した人それぞれの妄想や探究心で、その謎が持つ魅力に迫っていくプロセス自体、愉悦に満ちているからだ。

結果的にそれらは荒唐無稽な夢想で終わるかもしれないが、もしかすると謎の核心にたどり着いている可能性もゼロではない。それが「謎学」を楽しむ最大の喜びであると思っている。

そんな謎学漂流の醍醐味を〝体感的〟エッセーとしてしたためたものが本書である。

さて、この「謎学」という言葉は、実は辞書にはない言葉だ。「謎」を辞書で引くと「不思議・不可解なこと」（『広辞苑　第七版』／岩波書店）、「内容・正体などがはっきりわからない事柄」（『デジタル大辞泉』／小学館）など、その説明はさまざま。いずれにしても「わからない」ということがキーワードのようだ。そこで私は、「わからない」ことに興味を抱き、学ぶ、追求する、推論するということが「謎学」であると定義したい。加えて、「謎学」には「謎を楽しむ」という意識が必要ではないかと思っている。つまり「謎学」は「謎楽」でもあるのだ。

本書は、編集上、九つのテーマを掲げて構成しているが、気まぐれに開いたどの話から読んでも、「読んで旅するイワテ50の奇譚」のサブタイトルのとおり、〝奇譚の旅〟に出かけられるようになっている。

つまりは、ふと湧き起こった興味が、生まれる妄想のまま、自分の意思とは無関係に、風まかせ波まかせに〝漂流〟してく感覚を味わえるはずだ。

やがて世界史の教科書に記されるであろうこのコロナ禍が収束し、改めて古きよきものをじかに旅して楽しめる日々がきたとき、本書を引っ張り出して、ぜひリアルな岩手を旅してもらいたいと切に願う。この本がそのためのガイドブックになり、岩手への旅のきっかけになれば、〝謎楽の語り部〟としては本望である。

目次

聖域と伝承

伝説と風習

動物と所伝

風土と文化

本文掲載写真＝高橋岳／高橋政彦
本書は、岩手県盛岡市を中心とするエリアで配布されているタブロイド紙『大人のための情報紙　シニアズ』（株式会社ウインドクロス発行）に連載された「古き浪漫と歩くもりおか」（2017年5月号～2018年12月号）、および「風のうわさ」（2019年1月号～2021年6月号）を書籍化に当たり改題し、大幅に改稿・再編集したものです。

岩手謎学漂流記

読んで旅するイワテ50の奇譚

北上山地の奥深く、箱石集落の
判官神社はもはや藪山と化すが、
鳥居と古びた社殿が残る

歴史と古伝

第1話

蛇の島貞任伝説

11世紀の半ば、陸奥国《むつのくに》で起こった「前九年の役」の折、安倍貞任《あべのさだとう》に捕らえられた源義家が捕虜として入れられた牢屋が、現在の盛岡市上堂付近にある「北大橋」の北、北上川の西岸にあったという伝承を知った。50代以上の盛岡市民にとって郷愁溢れるキーワード「サニーランド蛇の島」の対岸付近とのことである。

この辺りは、古くより水量の多い河川の流れが作った浸食によって河岸段丘が形成されており、台地と水面付近では大きな標高差ができている。そこが険しい崖になっていることから、天然地形を使った牢があったとの伝承が生まれた可能性がある。

ちなみに「サニーランド蛇の島」は、昭和42年6月に開園した私設遊園地だ。ジェットコースター、ウオータースライダー付きプール、スケート場などの遊戯施設がありにぎわっていたがわずか3年で閉園。それ以降、「蛇の島」は立ち入り禁止になっている。廃墟ブームの昨今だが、厳密には持ち主や管理人の許可を得ない限り不法侵入となるのでご注意願いたい。この施設があった「蛇の島」は、北上川の巨大な中州といわれ、盛岡市の環境保護地区に指定されている。しかし実は中州ではなく、草の根につながれた浮島だとも伝えられる。

さて、そんな「蛇の島」には他にもいくつかの古い言い伝えがある。やはり急峻《きゅうしゅん》な地形だからか、貞任の軍船の隠し場所だったと伝えられてきた。崖に囲まれ、北上川本流に張り出す「蛇の島」の陰辺りが、ちょうどいい入り江になっていたのかもしれない。

また、この近いエリアには「手掛の松」と呼ばれる松があった。「前九年合戦」で囚われの身となった義家に食事を運んだのは貞任の娘だという伝承があり、その娘が崖を降りるたびに手を掛けた松の木があった、というのである。またしても急な崖の地形が生んだ言い伝えである。

「蛇の島弁天」と題されたこんな昔話もある。

昔、北上川の中州に美しい娘がいた。夏の夕方、中州で足を洗っていると美男の若者に出会った。二人は良い仲になり、毎夕会うことを約束した。だが3カ月ばかり経つと若者は来なくなってしまう。それでも娘は毎日待っていた。そして冬の寒い日に、ついに凍死してしまう。春となり、その中州に赤い小さな蛇が現れる。娘がいた場所から離れない蛇を、娘の化身に違いないと考え、人々は小さな祠《ほこら》を建てて祀《まつ》った。これが「蛇の島弁天」の由来だと伝わるが、それが今どこにあるのか、もはや知る由もない。北上川は、しばしば洪水を起こしてきたが、なぜか蛇の島は一度も荒廃することはなかったという。それを信じるなら、いまだに川のほとりのいずこかに、ひっそりと祀られているのかもしれない。

妄想をもう一つ。よその土地でも見られる例だが、「蛇」が付く地名や伝承、そして蛇が多いと言われる土地には、人を近づけたくないという意図が裏にあることが多い。人には知られたくない有益な情報が隠されているのかもしれない。蛇の島かいわいにもなんらかのお宝が眠っているのではないだろうか。

第2話

義経北行伝説

私が最も強い関心を抱き続けている歴史ロマン伝説の一つに「源義経《よしつね》北行伝説」がある。

平家滅亡に尽力しながらも、兄・源頼朝《よりとも》に疎まれ、追われる身となった義経。奥州藤原氏の元に身を寄せるが、やがて奥州の覇者たる藤原氏3代秀衡《ひでひら》公が没すると、圧力を強める頼朝によって滅ぼされてしまう。義経一党は藤原氏4代の泰衡《やすひら》に討たれ、その泰衡も頼朝軍に屈する。こうして奥州藤原氏は滅亡する。

だがこの日本史を揺るがす事件は奥州一丸となっての自作自演であり、

義経一行はいち早く平泉を離れ、〝なんらか〟の目的を持って北を目指して旅立った――というのが伝説のあらましである。「旅立ちましたとサ」で終わらず、その足跡が点々と、一筆書きのように線となって残され、続いて行く。これがこの英雄不死伝説の最大の面白さだろう。

さて、説明が長くなったが、そもそも私がなぜ義経北行伝説に取り憑《つ》かれ、地元の伝承ロマンの虜になってきたかという話をここでは書かせていただきたい。宮古市出身の私は、物心ついた時すでに義経北行伝説が事実のように語られる環境にいた。義経が立ち寄ったとされる宮古地方では、多くの人たちがそれを当然のように信じ、語らっていたように思う。

さらに、もともと宮古にはこの伝説を徹底調査し『義経は生きていた』『成吉思汗《ジンギスカン》は源義経』を著した佐々木勝三なる郷土歴史家がいた。

佐々木氏は、後に義経ブームを県内外に巻き起こした、岩手県観光連盟による「義経北行伝説コース」（かつては伝説地に案内看板が立っていたものである）をプロデュースした人物でもある。

そうした土壌に育ち、伝説自体が身近だった私は、やがて編集者として岩手県内の地元学を紹介する雑誌に携わっていく。その創刊号で取り上げた特集が「義経北行伝説」であった。平泉から久慈に至る岩手県内の全伝説スポットを取材したことで、基礎知識があった宮古かいわい以外の地の伝承までつぶさに見聞。伝説への興味関心を深めていった。だが盲信したわけではない。こうした信仰と言ってもいいほどの伝承が800年の時を超えて生きていることへの感動を覚えたのである。以来、さらに伝説フィールドワークの活動を広げた。

数年後、地元テレビ局に請われて義経北行伝説の特集番組に関わった。

ポジション的には番組企画とレポーター。義経に扮した局のアナウンサーとともに弁慶に扮し、平泉の高館を皮切りに、岩手県内の伝説地から青森県各地、そして北海道南西部を巡った。さらにはモンゴルにまでロケの足を延ばし、義経=チンギスハーン説にも迫る機会を得る。岩手のローカル局が制作した、壮大なスクールの特別番組であった。

さて、今、最も気になっているのは、平成23年の震災大津波で被害を受けたであろう沿岸部の義経伝説にゆかりのある神社の現状である。そろそろまた一巡りして、伝説の現在を見聞してきたいと考えている。コロナ禍が沈静化したら、多くの義経北行伝説ファンの皆さんとツアーでもやってみたいものだ。

第3話

頼朝は巖鷲山を見たか

文治5（1189）年夏。奥州藤原氏が陥落した直後、戦後処理のため、鎌倉の源頼朝も現在の盛岡まで来たと日記の記述に残されている。源氏の因縁の地である厨川柵《くりやがわのさく》に向かえば、逃亡した藤原泰衡を討ち取れると信じていたようでもあった。

『吾妻鏡』によると、9月4日より紫波郡陣岡に布陣していた頼朝は、6日に念願どおり泰衡の首を得た（泰衡下臣の裏切りで討ち取られた）後、11日夕刻になって厨川柵に入った。

厨川柵は、安倍氏が築いた古代城柵であり、重要拠点であった。自然が作った険しい断崖絶壁から成る強固な要塞であると伝えられる。所在地はいまだ確定していないというが、巖鷲山天昌寺付近がその中核部ではなかったかといわれている。

安倍氏時代は天台照寺と号し、柵内の祈願所だったが、安倍氏が滅んだ後は、戦没者の御霊を弔っていたと伝えられている。

また、その後は一時廃れ、盛岡が城下町として成立する頃、曹洞宗に改宗し、本尊に釈迦牟尼佛《しゃかむにぶつ》を祀って、巖鷲山天照寺として再興された。名称はやがて「天照」から「天正」となり、現在の「天昌」と変化してきた。現在、この辺りは寺院の名称を取り、天昌寺町となっている。

さて頼朝は、投降者の赦免や本領安堵などの処理も含め、9月19日まで厨川柵に逗留したといわれる。あの天下の源頼朝が、1週間と少し、盛岡に滞在したのである。

私は判官びいきを公言する義経派であるし、当然ながら奥州藤原氏側の末裔であると信じているのだが、しかし、やはりあの頼朝が盛岡に来ていたということには驚きと興奮を覚える。

ふと、滞在中の頼朝が、その間どんなものを食し、見聞きし、そして何を想ったかが気になった。そこで私は天昌寺かいわいを散歩しながら考えてみることにした。

桜の季節がいつもの年より早く終わった4月末、人の気配もない午後である。ゆっくりと歩き、風を感じ、いにしえの民たちの声なき声に耳を傾けた。

そうやって脳裏に浮かんできたのは、盛岡の風光明媚な光景は、冷徹ともいわれる頼朝さえ感動させたに違いないということであった。

残雪こそ見えない季節だろうが、往時より霊峰として奥州の信仰を集めていた巖鷲山の荘厳な佇《たたず》まいを朝な夕なに眺めて、頼朝は何を想っただろう。

山河の恵みに舌鼓も打っただろう。頼朝が滞在した旧暦9月の季節なら、目の前の北上川で取れた落ちアユやヤマメ、山の果実やキノコか。それらを届けてくれた民たちの温かい心にもきっと触れたはずだ。

これが是が非でも手に入れたかった北の理想郷の日常の姿なのだと、頼朝はおそらくそう考え、身震いせずにいられなかったはずである。

そして密かに頼朝は誓ったことだろう。

この大切なものたちは、責任を持ってこのまま守らねばならない。

そんな妄想をして、私は一矢報いた気分になるのであった。

第4話

忠衡はここにいた

盛岡市本宮3丁目に「泉屋敷」というバス停がある。ほど近い場所には泉神社も鎮座する。

「泉」といえば奥州藤原氏の3代秀衡の三男・泉三郎忠衡《ただひら》（泉冠者とも称された）を指す可能性が強いとピンときたが、しかし今の盛岡、かつての志波郡あたりに忠衡ゆかりの逸話はほとんど聞いたことがなかった。

忠衡は、源義経の郎党の一人であった。そのため源頼朝の圧力に耐え切れなくなった実兄・泰衡によって殺されたと伝えられる。しかし——。

忠衡の首級は、長く藤原三代のご遺体とともに中尊寺金色堂に納められているとされてきたが、実はその首級は、行方知れずになっていた泰衡のものと昭和25年の学術調査で分析されたのだ。

忠衡の首はない。ないということは死んだことにならない。以降、義経や忠衡たちは平泉で死なず、北を目指したのだという「義経北行伝説」の信者たちは色めき立った。

住宅地の中、ケヤキの大樹を目指して進むとあっけなく泉神社にたどり着けた。

盛岡市が進めた盛南開発の新しい都市景観。その中にぽっかりと守られている〃いにしえ空間〃。古くからこの土地に根ざしてきた地域住民の強い想いが守った神社。忠衡の気配が強まった気がした。

お社を眺めていると神社の近くにお住まいの一人の老紳士がやって来

て、「社の裏手にある巨大な自然石の碑、これが、かの忠衡公の墓と伝わっているんです」と微笑みながら教えてくださった。

一緒に社の裏に回って石碑を凝視する。文字が朽ち果てて判別ができないほど古い。

県都盛岡のニュータウンの一角に今も守られている藤原秀衡の三男・忠衡を祀ったとされる泉神社

「かつてこの碑は土中に埋もれていたそうです。それを掘り起こして建てたのがこれ。私が子どものころ神社の下から何か骨らしいものが出たと聞いたこともあります」

義経主従は北行の旅の途中で平泉の滅亡を知ることになる。戻る場所を失ってしまった一行は、おそらく藤原一族が治めていた北の領土の各地に散り、身を隠した。ある者は深い山懐に息づく寒村で密かに暮らし生涯を閉じ、またある者は北の外れの海辺で援軍を待ちながら死んでいったことだろう。

忠衡はどんな経緯でここにたどり着き、どういう想いで人生を閉じていったのだろう。

青すぎる空のもと、風に揺れる大ケヤキを見上げ、そんなことをぼんやり考えていた。

第5話

忠衡の野望

盛岡市本宮の泉神社が藤原秀衡の三男・忠衡を祀り、自身の亡骸も葬られているのではという言い伝えがあることを、第4話で書いたが、ここでは「義経北行伝説」にまつわる視点から忠衡の謎を考察したい。教科書的歴史書では兄の泰衡や国衡《くにひら》と対立して殺されたとされる忠衡だが、「北行伝説」では北へと落ちて行く登場人物の一人として伝わっている。

遠野や旧川井村の江繋《えつなぎ》、野田や久慈と、この忠衡に特化したゆかりの伝説地が残る。そのどれもが産金や産鉄の土地柄であるのは面白い。だが、いずれも忠衡当人の伝承ではなく、同行した三人の息子たちが各地に残り、後にその地を治めたというような言い伝えばかりである。

かつて北行伝説ルートに位置する旧川井村の江繋を訪ねた時、ある農家のおばあさんに話を伺ったことがある。その話でも江繋にある47代の家系を誇る旧家・泉沢家の祖は忠衡の三男であるという話だった。その敷地にしつらえた〝上館〟を居住地とし、三百人も側女がいたらしいよと、おばあさんが教えてくれた。いわば忠衡の三男は江繋に拠点を置いたお殿様ということになる。

だが江繋地区は山懐にひっそりと息づく集落である。往時も華やいだ町だったわけではないはずだ。わざわざ江繋を拠点にするにはそれなりの理由がなければならない。

忠衡という人物には、奥州藤原氏の金庫番、つまりは経済担当だったという説がある。奥州平泉の栄華を支えた北上山地の金山を掌握していたのが忠衡だったというのだ。江繋周辺もそんな一つ。今もなお地名にその名残をとどめる産金地帯であった。三男を代表とした忠衡配下のグループは、この土地に隠し持っていた膨大な資金源を管理する役目を担ったのではないか。

さて、ここで考えてみよう。「北行伝説」を「北行伝説」と称したのは後年の人たちである。義経主従が目指していたのは本当に「北」であり、目的は「逃走」だったのか。一時的に平泉から姿を消したが、義経とその家臣たちは戦意喪失していたわけではなかったのではないのか。実は平泉は一枚岩であり、結果的には失敗に終わったものの、起死回生の戦略が秘密裏に遂行されていたのではないか。そう考えると、一連の伝説ルートにも別な意図が見えてくる。まさに潤沢な資金源を押さえながら、来たるべき鎌倉への反撃の機を窺《うかが》っていたということも、まったくありえない話ではないのである。

取材時、おばあさんに教えられて訪ねた泉沢家の墓所で、おびただしく点在するこけむした墓石に「金山〇×△□」という文字が刻まれているのを私は見た。墓碑に「金山」の文字である。

その時、私は直感した。そうか、ここに残ったのは三男であると言い伝えられているが、これは建前の話であり、本当は忠衡本人がここを守っていたのではないか、と。

もはや真実を知る手だてはないが、忠衡自身が義経率いる平泉軍の大いなる野望を担って、この北上山中のど真ん中で息を殺し、目をギラつかせながら来たるべき時を待った。そう思わずにいられないのである。

第6話

最後の武士・江釣子源吉

思い立って盛岡市南大通の紫雲山円光寺を訪ねた。目的は、江釣子源吉《えづりこげんきち》の墓参りをするためであった。

「戸田一心流」皆伝者で盛岡藩随一の剣の使い手といわれた源吉は幕末から維新の激動期を生きたラストサムライである。

戊辰戦争時、盛岡藩は奥羽越列藩同盟軍として、同盟を離脱し、新政府軍に加わった秋田藩と戦い、そして敗北する。

明治2(1869)年、23歳の源吉は、秋田戦争の敗戦の責任を負って、報恩寺にて処刑される盛岡藩家老・楢山佐渡《ならやまさど》の介錯を自ら志願して務める。戸田一心流の師であり、秋田戦争では軍の大将だった楢山を源吉は深く尊敬していた。

源吉の墓碑は、墓地の真ん中で冬空のもとに屹立《きつりつ》していた。その様は背筋を伸ばし、凜と立ち尽くす武士《もののふ》の佇まいをイメージさせた。私は神妙に合掌した。

盛岡藩は決して天皇に弓を引く意思などなかったが、結果的には賊軍、朝敵という汚名を着せられた。

ちなみに、後の総理大臣となる盛岡藩出身の原敬は、大正6（1917）年の「旧南部藩士戊辰殉難者五十年祭」で、「戊辰戦役は政見の異同のみ」と語り、官軍も賊軍もなかったという祭文を読み上げている。

そんなやるせない想いとともに、後の時代を源吉は生きた。

介錯執行後の源吉は、数カ月もの間、家人が目を離せないほど放心状態となった。毎晩酒を呑んでは「御家老、拙者もすぐにお側に参ります」と刀を持ち出したと伝えられる。

やがて落ち着きを取り戻した源吉は再開したばかりの藩校「作人館《さくじんかん》」の師範となり、さらにその後は監獄署に勤務する。

晩年は楢山佐渡の墓参りに通う日々を過ごし、大正2年6月19日、67歳で没した。

さて、宮古市愛宕の佐々木永吉氏が著した『随想愛宕散歩道』に、源吉の娘の逸話を見つけた。

源吉と妻タケの間に生まれた娘フミは、宮古で3男2女をもうけた。自身は同地区で助産師をしていたという。

果たして、どのような経緯で源吉の娘が宮古に暮らすことになり、人の産声を聞く仕事に従事することになったのか。

人の生き死に、という対極にある現場に直接関わった父と娘。これを縁というべきか、宿命というべきか。

同著書には、フミさんが昭和6年に宮古で初めて少年野球チームを発足させ、元気な子どもたちの育成にも尽力した逸話も収められている。

機会があれば江釣子源吉一族の150年についても調べてみたい。

盛岡・桜山神社の烏帽子岩は
おそらく県庁所在地としては
最大の巨岩ではなかろうか

信仰と祈り

第7話

烏帽子岩、出現す

桜山神社の傍らに高さ6・6メートル、周囲約20メートルという烏帽子岩が屹立する。県庁所在地のど真ん中の巨石絶景である。

この盛岡城跡かいわいはもちろんのこと、盛岡一帯というのは掘れば巨大な花崗岩がゴロゴロ出てくる地質なのだという。おびただしい巨大な岩や石の上に盛岡という町は存在するのだ。

盛岡城のあの立派な石垣も、城を造る時に現地や近場から掘り出した巨石を切り出し、整えて使用しているのだとか。いわば石垣素材の地産地消である。

盛岡城築城の際、掘り下げた土の中から出現してきたのが烏帽子岩である。

当初は三角の岩が頭を出しているだけだったという。それを南部藩第27代藩主・南部利直公が土台を削るよう命令。しかし、掘れども掘れども全容が見えてこない。それでも根気よく掘り進め、やがて出現したのが烏帽子に似た巨岩だった。

その場所は、当時は八幡社が鎮座する城内の祖神さまの神域だったので、これは宝に匹敵する大石であると、広く信仰の対象にされることとなった。

南部藩の歴史は、たびたび天変地異にさいなまれてきた苦労の連続の歴史である。

天災は冷害を招き、冷害は貧困を招く。困窮した民たちは一揆を起こし、藩もその対策に追われた。そんな災害や疫病のない平安な世こそ、誰もが欲しかった「さいわい」だった。そうした折、出現した烏帽子岩は吉兆のシンボルそのものだったのである。

歴史マニアの仲間から面白い情報を聞いた。

盛岡にお城を築く前の南部氏の居城・三戸城でも烏帽子岩を信仰していたらしいというのだ。

後日、青森の三戸町教育委員会に問い合わせてみたが、学芸員さんは「城内に烏帽子岩があったとは聞いたことがない」と言う。

落胆したものの「三戸城からも見渡せる信仰の山・名久井岳の呼称の一部に大烏帽子・小烏帽子というのがあるのでそれのことでは?」と学芸員さんが言う。

さらに調べると、盛岡城跡のお堀には「亀ヶ池」「鶴ヶ池」という名があるが、三戸城にも「亀池」「鶴池」があることがわかった。

これは偶然だろうか。もし必然だとしたら往時、盛岡に城を築くことにした際、心の支え、精神的なバックボーンを三戸から継承しようとした証しではないだろうか。

ならばこそ、偶然か必然か、姿を現した巨大な烏帽子型の岩は吉兆以外の何物でもなかっただろう。南部氏が代々丁重にあがめてきたことも大いにうなずけるのである。

桜山神社をのぞくと、今日もたくさんの盛岡市民が巨大な縁起物に手を合わせていた。

第8話

6人目の如来さん

高橋克彦氏の直木賞作品『緋い記憶』に収められた、「遠い記憶」という短編小説にも出てくる盛岡市茶畑の「らかん公園」。

市民の憩いの場である公園内には、石造りの巨大な16体の羅漢像と5体の如来像がぐるりと配されている。

江戸時代の大飢饉で亡くなった餓死者供養のため、当時の城下の和尚たちをはじめ、多くの民たちの尽力で建立された十六羅漢と五智如来である。

このうち五智如来に試作品があったことを知る人はそう多くあるまい。

6人目の如来さん。正確にいうとプロトタイプだからゼロ号作品となるのか。

この如来さんがいるのは仙北町の萬峰山長松寺の墓地だ。長松寺の本寺は、大慈寺町にある青龍山祇陀《ぎだ》寺である。

建立までの経緯から紹介しよう。

祇陀寺14世・廓巖天然《かくがんてんねん》和尚は餓死者供養のため五智如来と十六羅漢、計21体の石仏建立を願ったものの、老齢のためにかなわず、弟子である萬峰山長松寺13世・泰恩和尚に念願を伝える。泰恩和尚は5年をかけて青森から仙台までを托鉢《たくはつ》して歩く。その後さらに13年を要して、この大事業は無事完了する。

石仏の材料となった安山岩や花崗岩は、盛岡市郊外の飯岡山から切り出され、その荒刻みが長松寺の敷地内で行われたのだった。そして仙北町の若者衆によって石仏は舟に乗せられて北上川を横断した。

　飢饉による餓死者供養にかける想いというのは、たくさんの人々の力を結集させ、多くの難問を打開させてしまうほどに強いものだったわけだ。

　そのとてつもない事業に先んじ、檀家総代の徳清家3代の佐藤半六が仏像を試作すべしと資金を出して作らせたのが、長松寺墓地の、いわゆる6人目の釈迦如来1体である。

　長松寺の墓地を散策してみると、すぐに鎮座する柔和な顔をした大きな石仏に会うことができた。

　台座や仏像の膝の上には小さな石コロが山のように積まれている。いつの頃からか小石を投げ、うまく台座に乗るとその人の願いがかなうと言われるようになったらしい。

またその台座は、たった1本の指で押しただけで簡単にゆらゆらと動いてしまう。たやすく揺れるが決して倒れない。絶妙なバランスで保たれているわけだ。

東日本大震災のあの大きな揺れでも崩れ落ちることなく、笑みをたたえて鎮座するお姿は、今なお庶民の安寧を願う魂が込められているのだと思えてならない。

第9話

石神座ノスタルジア

久慈市に山根六郷と称される地域がある。

正しくは藩政時代の呼称で、深田・木売内・細野・端神・上戸鎖・下戸鎖という6地区を総称してこう呼んだ。

久慈や野田から海産物をはじめ、塩や砂鉄を内陸に運ぶための交通の要衝として繁栄してきたといわれる土地である。

そんな山根六郷の一つ、端神の郷へと通った遠い日々があった。

あれは山根六郷を流れる長内川にイワナ釣りに出かけた時のことだ。

偶然にもあの光景に出合ったのである。

後に端神という土地であることを知る、その寒村へと足を踏み入れた私は、山あいに点在する畑のなかに積まれたケルン状の石山の存在感に驚かされた。

荘厳な場面に出くわしたのは次に訪ねた時だった。巨大な石積みを前に神楽が奉納されていたのだ。

「何のお祭りですか」。思い切って村の人に質問すると「いしかくらまつり」だと教えてくれた。「いしかくら」は「石神座」と書くという。

山根六郷あたりは、畑を耕せば石がゴロゴロと出てくる土地柄らしく、昔から農作業はとにかく大変だったという。

出てきた膨大な量の石は畑の傍らに積み上げられる。そして「石神座」と呼ばれる「神の依《よ》り代」となり、五穀豊穣を祈る場となったのである。

「11月の十六夜の晩、石神座の農神様がお発ちになるのです」

その夜は篝火《かがりび》をたいて収穫の感謝と来年の豊作祈願をするのだ。

柳田國男が説いた、農民の間で信じられてきた日本古来の信仰に、

〈「山の神」は春になると里へ降りてきて「田の神」となり、収穫が終わる秋になると再び山に戻って「山の神」となる〉

というものがある。

端神の農神様も、石神座をお発ちになって山の神に戻るのだ。

それにしてもこの神宿る気配の濃厚さは何なのだろう、と、私はどんどん端神に心を奪われていった。

この地には、けっして広いとは言えない地区内に、20を超す神宿る小祠が点在していた。いにしえから、草木や野の石くれにも神々が宿ると信じられてきたという。まさにここはその名どおりの、神々が鎮座する

郷なのである。

いつしか私はここに郷愁を覚えていた。故郷であるはずもないのに、里帰りでもするかのような気分で幾度も足を運ぶようになった。

あれから四半世紀。久しく訪れることができていないものの、あの神々の郷は何も変わらず、あの山あいにあり、神は今も宿り続けていると信じている。

第10話

能傳房神社譚

かつて盛岡藩と仙台藩の藩境に位置していた金山の里・遠野市小友地区。南北に貫く国道107号を気仙方面に向かって車を走らせると、やがてこの台地は終わりを告げ、急峻な傾斜の道となって住田に向かって下り始める。その境界が荷沢峠である。

この峠の手前、山懐にひっそりと抱かれるようにして鎮座しているのが能傳房《のうでんぼう》神社だ。神社入口の看板に近い駐車スペースに車を停め、山中に向かって続く狭い参道を進む。150メートルほど登って行くと、思ったよりも真新しい社殿が姿を現す。新しい社は古さや趣深さばかりをイメージしてきた探訪者をいささかガッカリさせるものの、それは今も地域住民に愛され、信仰が生き続けている証しだ。

この能傳房神社が、一生に一度だけ願いをかなえてくれると伝えられる神社である。

その前に、果たして能傳房とは何か――である。

能傳房は、宝覚坊《ほうかくぼう》とともに、小友の金山史を語る上で欠かせない兄弟法師だという。二人は金属資源にまつわる技術や知識に長けていた。能傳房は金、宝覚坊は水銀のプロフェッショナルと伝えられている。いずこからか流れて来て、この地に身を置き、小友の金山開発を支えたという。しかし、やがて兄弟法師と金山経営者の間にトラブルが発生した。それが指導者である二人のおごりが招いたものだったのか、今でいう金銭トラブルだったのか真実はわからない。さらに今風にいうと、やがて二人は干されてしまう。これに怒った二人は呪詛をかけて洪水を起こす。自分たちもろとも村の全てを崩壊させてしまったのだ。

後の世になって木の根元から出た人骨を、住民は地域の伝承に聞く兄弟法師のものではないかとささやき合い、再び災厄がこないことを祈りながら丁重に葬り、塚を築いた。それが今の能傳房神社となったのだという。

能傳房神社の隣に小さな社があるが、そこに建つ石碑には宝覚坊の名が刻まれている。今も兄弟でそこにいるのである。

そんな縁起を持つ神社がどうして「一生に一度だけのお願い」を聞き入れてくれるものになってきたのか。答えは杳《よう》として知れない。

さて、この話を親しい画家さんと作家さんに教えたことがある。両氏ともに自分の作品をできるだけたくさん世に出し、できるだけ多くの人たちに喜んでもらい、できるだけ大きな評価を得たいという願いで共通していた。両氏は都合を合わせて参拝したいと言う。それではと私が案内人を買って出た。参拝の正しい礼儀に従って、きちんとした額のおさい銭を、住所氏名を明記した封筒に入れ、さい銭箱に投函して手を合わせた。こうして両氏は「一生に一度だけのお願い」どおりの人生をまい進している。

こんな風にして何度か知人を案内して祈願に赴いているが、私自身は「一生に一度だけのお願い」をまだしていない。もったいなくて、その権利をまだ取っておいてあるのだ。まったく貧乏性だなと自虐的な気持ちのまま、毎回、必死に無心を貫きつつ能傳房神社に対峙するのみなのである。

第11話

疫病よけの系譜

2020年、新型コロナウイルス感染症が騒がれ始めた当初から、日本のネット上で「アマビエ」という言葉とその姿のイラストがはやりだした。「アマビエ」は、江戸時代末期の肥後の海辺に現れた妖怪の類いだ。遭遇した人に「これから疫病が流行するので、私の姿を写して人々に見せよ」と予言し海中に消えたという。当時の瓦版に描かれた神仏とも妖怪ともつかない光り輝く姿は、瞬く間に当世のネットの住民たちによって、疫病除けのお守りとして拡散されたのである。

古来日本には疫病よけのさまざまな風習が伝承されてきた。例えば京都祇園社の祇園祭は、京の都に疫病が流行した貞観の頃（859〜877年）その厄災退散を祈って始まったと伝えられる。祇園社は現在、八坂神社と称され、須佐之男命《すさのおのみこと》を御神体として祀っている。

ちなみに岩手にも一戸八坂神社という疫病よけの神社がある。こちらの御神体は牛頭天王《ごずてんのう》。須佐之男命と牛頭天王、そして薬師如来は同一神仏とされ、いずれも疫病よけの神仏として各地に祀られている。

岩手で最も有名な疫病よけの祭りは、蘇民将来の故事にちなんだ儀礼の「蘇民祭」。奥州市の妙見山黒石寺や伊手熊野神社、花巻市の胡四王神社などで行われている。

南を目指して旅をしていた北の神・武塔神《むとうのかみ》が、蘇民将来と巨丹将来《こたん》という二人の兄弟に一夜の宿を求めた。裕福な巨丹将来はこれを拒んだが、貧しい蘇民将来は快諾し、粟で作った食事で精一杯もてなした。旅の帰途、再び蘇民将来の所に立ち寄った神は「お前の子孫は家にいるか」と問う。「妻と娘がいる」と答えると神は茅《ち》の輪を腰に着けるよう命じる。その夜、神は蘇民と妻、娘を除いて世の中の全てを滅ぼし、「私は須佐之男命（注・黒石寺の蘇民信仰では薬師如来）なり、後の世に疫病あらば蘇民将来の子孫と言い、腰に茅の輪をつければ、その者は疫を逃れるであろう」と告げるのだ。

「黒石寺蘇民祭」は日本三大奇祭、そして日本三大裸祭りの一つに数えられている。

京都祇園祭の最終日の7月31日に行われる「疫神社夏越祭」でも「蘇民将来子孫也」と記された護符（茅の輪のお守り）と粟餅が授与されるが、収束しないコロナ禍の中、「疫神社夏越祭」をはじめとした全国各地の疫病除け行事は、いつになればにぎわいを取り戻すことができるのだろうか。なんとも皮肉な状況である。

　さて、もう一つ、岩手を代表する疫病よけの風習で外せない西和賀町に江戸時代から伝わる「白木野人形送り」を紹介しよう。地域住民の手によって稲わらでこしらえられる素朴な人形は、いかつい侍のいでたちをしている。もっとも目を引くのがわら製の立派な男根だ。これを担ぎながら豪雪に覆われた地域を練り歩いた後、集落の境にある木に結びつけて固定する。素朴ながら、いかめしい佇まいの人形が地域の外から侵入しようとする疫病を防ごうと目を光らせるのだ。驚くほど誇張された男根もこれに一役買っている。

　悪しきものが自分たちの生活を冒そうとしているとき、もろくて弱い人々の祈りの心は、時代が移っても変わらないのである。

第12話

烏枢沙摩明王と厄災よけの祈り

きっかけは数年前に盛岡市内で飲食店を経営する妹から1枚の御札をもらったことだった。そこにはいかめしい漢字と意味不明の平仮名が書かれていた。御札であるからして記されている漢字はご本尊の名であることがわかる。しかし難し過ぎて読めない。どう読むのか聞いてみると「うすさまみょうおう」だという。初めて聞く名だ。横に「おんくろだのううんじゃくそわか」という真言が添えられている。これも初耳。東京品川の「海雲寺」の印がある。

興味を持ち、調べてみた。「うすさまみょうおう」は真言宗・天台宗・禅宗・日蓮宗などの諸宗派で信仰される明王の一つで、「うすさま」は「烏枢沙摩」とか「烏枢瑟摩」、あるいは「烏蒭沙摩」や「烏瑟娑摩」などと書き表される。いずれにしても面倒くさい表記なので、せめて少しは簡単な烏枢沙摩明王で統一して話を進めたい。

いわゆる「便所の神様」である。古くから「怨霊や悪魔の出入口」と考える思想があった便所を、炎をもって清浄な場所に変えるという功徳があるという。そういえば「トイレの神様」というヒット曲もあった。

最近では不浄の場であるトイレの掃除を一所懸命やるとお金持ちになれるといううわさも相まって注目されているようだ。自宅だけでなくコンビニとか公共のトイレまで掃除すると金運はさらに高まるそうだが、コロナ禍の今、絶対にそんなまねはすべきではないのでご注意を。

妹からもらった御札をトイレの南に面した壁に貼った。そしてトイレに入るたびに「おんくろだのううんじゃくそわか」と唱える生活が始まった。以来、この独特な神様がとても気になるようになった。

岩手に烏枢沙摩明王を祀るお寺さんはないのだろうか。ネット検索すると全国各地にポツポツと存在するものの、岩手にはなさそうである。

しかしある時、親類の法事で出かけた宮古市の宮古山常安寺でこの神様を見つけた。トイレの扉の上の棚に憤怒の表情をした小さな像が祀られ「烏枢沙摩明王像」と記されていたのだ。ご本尊などメインの神仏となっていなくても、適材適所に神や仏はひっそりといて、きちんとお仕事を果たしているのだ。なんて健気なのだろうとほっこりした。

最近、紫波町の走湯神社に烏枢沙摩明王が祀られていることを知った。寺院ではなく神社に祀られているのがまず興味深い。藤原清衡、あるいは源頼朝が勧請したと伝えられている古社の烏枢沙摩明王は、像ではなく石碑として存在し、便所の神様ではなく、飢饉犠牲者の供養塔ではないかとも言われているようだ。

石碑には天保3（1832）年建立と刻まれているとのことだが、天保3年といえば多くの餓死者を出した天保の大飢饉の直前に当たる年である。大飢饉は天保4年、そして6年から9年にかけて。ということは、藩内に厄災が及ばないよう、地域の人たちが日々祈願していた石碑だったのではないだろうか。「炎をもって清浄な場所に変えるという功徳」を、ここでは飢餓という厄災回避に向けて使ったのではなかろうか。

第13話

盛岡大仏探訪記

盛岡市の北部、いわゆる旧小本街道（国道455号）沿い、松園地区の裏手に差し掛かってすぐに、その「気になる風景」はある。

そこを通るたび、ハンドルを握る私の正面の小山から、何やら巨大な頭がポコンと現れ出てくるのである。

小山の麓付近には「松園寺」という石の標柱と山門。そうなのだ、この大吉山松園寺なる寺院に巨大な頭のヌシ、つまり大仏様らしきお方が鎮座していらっしゃるようなのである。

調べてみるとそれは「盛岡大仏」というらしい。

どれだけ大きいのだろう、そしてそれはなぜにそこに静かにお座りになっているのであろうか。

ネット情報に常時開放されていること、無料で拝観できることが記されていた。

よし、と勇んで私は空気がキリリと冷えた、ある秋めく日の午前、盛岡大仏様を訪ねてみることにしたのである。

山門をくぐり、細い参道を上っていく。いたるところに石碑が建っている。それらは比較的新しく、標語や川柳がしたためられていた。

ほどなくしてたどり着いた山の上には、さらに夥しい石碑や木像が点在し、その奥に松園寺の本堂と墓地が見えてきた。

そして、広々した境内の一角に、しかしひときわ存在感をもってあの巨大な仏様が沈黙しながら盛岡市街地方面を見据えて座っているのであった。

お膝元から見上げてみると、さすがに大きい。専門的な分類でいうと盧舎那仏坐像《るしゃなぶつざぞう》とのことで、高さはなんと12メートルもあるという。元盛岡市議で岩手県議だった故・樋下正光氏が、亡き両親を供養すべく祀ったものだという。根本的には個人の深い想いで建立したものかもしれないが、これだけの存在感と、知る人ぞ知る新名所ともなれば、もうすでにここは立派な盛岡のパワースポットなのである。

秋空の下、盛岡大仏の周囲に置かれたベンチにしばし座って、足元から大仏様のパワーを全て受け取ろうと瞑想してみる。

次第に安らかな気分になっていく自分に気付く。野鳥が鋭い鳴き声を発して上空を飛んで行く。眼を開けて改めて盛岡大仏を見上げる。大仏様の横顔は実に穏やかであった。この角度から大仏様のお顔が拝めるというのは本当に贅沢なものだなと、ふと思った。

境内にある鐘突き堂をのぞくと、自由に突いていいことが記されていた。おさい銭を奮発し、心静かに一礼した後、梵鐘を一打ち。

渇いた鐘の音が永く余韻を響かせ、やがて北天に溶けて消えた。

雨乞い神事の場と伝えられる
ぬさかけの滝は、謎めく山・
南昌山塊からほとばしる

聖域と伝承

第14話

盛岡城下と鬼門封じ

盛岡城跡の東南東にある盛岡八幡宮。その本殿を背にした角度のまま、定規で左右に直線を伸ばしてみると、ほぼ一直線上にたくさんの神社が並んでいるのがわかる。

これは意図的に配置されたものなのか、偶然の産物か。さながらサッカーのディフェンスラインのごとく、きれいに並んでいる。

城下町の防御、という観点で盛岡を眺めると、北山と惣門の寺院群「寺町」がまず思い浮かぶ。寺社を都市の防衛拠点に使うという考え方は戦国時代からあり、有事の際はそこに武器や兵糧を運び込み、戦闘準備をしたのである。
また往時、城を築くに当たり、一種の験担ぎの意図をもって風水における好適地の条件を意味する「四神相応」を重視していたという。盛岡城下の神社仏閣を生かした防御フォーメーション。その役割に迫るため、私は現地に赴いてみることにした。
鉈屋町の十文字稲荷神社から北東方向に、松尾神社、盛岡八幡宮、護法三神社、住吉神社、八幡住吉梅宮神社、盛岡天幡宮、そして下米内の三社権現へ、ほぼ一直線に並ぶ神社群を順番に巡り調べてみる。まずはそこに建立された年代がわかってきた。
十文字稲荷神社　宝永6（1709）年
盛岡八幡宮　文禄2（1593）年
住吉神社　寛政7（1795）年

盛岡天満宮　延宝7（1679）年

盛岡城が整地され始めた文禄元（1592）年の翌年に再建されたという盛岡八幡宮以外は、1700年を挟んだ前後百年のうちに、何かしらの意図をもって、この場所に創建、遷座され、配置されているように思える。

訪ねてみて驚いたのは、最後に行った三社権現に宝珠盛岡山永福寺が隣接していたことだ。この永福寺は盛岡城から見て北東方向、いわゆる〝鬼門〟に当たる。

鬼門は陰陽道では悪鬼、悪霊、災禍が出入りする所。その鬼門封じのため力強い寺院を置く。江戸城の鬼門封じのために上野・寛永寺や日光東照宮を置いたという話は有名である。

永福寺は南部氏ゆかりの寺院。旧地三戸から移され、元和3（161

7）年にこの場所に創建されている。盛岡城がほぼ完成したとされる元和元（1615）年とほとんど同時といっていい。

盛岡城の整地スタートとともに再建された盛岡八幡宮と、城の完成に合わせて置かれた永福寺。二つを結ぶ道に沿って、邪悪なものの侵入を拒む結界を結んだのではないか――。それは今もまるで敵のオフサイドを誘いつつ、しかし好きなようにはさせじと、一直線に連なっている。そんな気がしてならない。

第15話

日本一好きな民俗博物館

その昔、『東北のロビンソン【山の神】奇譚』（創樹社／1990年）という小説を読んだことがある。戦争中、軍隊から脱走し、人里離れた山奥の洞窟で独りでサバイバル生活する物語である。著者は雪博士として知られる故・高橋喜平氏。明らかにモチーフとなっているのは氏が暮らした旧沢内村のマタギにまつわる風習や作法である。以来、私はこの物語の世界観に大きな興味を抱いた。森羅万象を畏怖し、そこから必要最低限の糧を得るというマタギの習俗こそが、失われつつある日本的な信仰形態を今に伝える貴重な精神文化ではないかと思えたからである。

そんな思いを携えて私は西和賀町沢内の「碧祥寺《へきしょうじ》博物館」を訪ねた。ここはマタギ文化に触れ合い、学べる、本宮山碧祥寺の敷地内にある私設の民俗博物館である。本当にいろんなものがカオス状態で展示されている。

そもそも地域の古いお寺さんには、地域住民が大切にしてきた信仰媒体や生活用品など、民俗学的価値のある貴重な品々が集まってくるものだ。マタギの里にして豪雪地帯の西和賀地方の碧祥寺もその例外ではない。

博物館はいくつかの建物に分かれて点在している。最初に訪ねたのは大きな古民家風の建物。ここには民間信仰に関わるものを中心に展示する第一資料館と、生活道具などを展示する第二資料館があった。第一資料館でいきなり「寝小便の神様」なるものに出合う。朽ち果てそうな木像人形——子どもが寝小便しないよう祈願するものだろうか。こうした独特の信仰媒体が今に伝わる西和賀の懐の深さに私は感激させられる。

古民家風の建物を出て、白銀の回廊をサクサクと歩き、第三、第四、第五と敷地内の資料館を巡る。

第四資料館が私の第一目的、マタギにまつわる品々を展示するマタギ収蔵庫であった。沢内マタギたちが狩猟のために使った道具や装着具のほか、仕留めた獲物を処理加工する道具も展示されている。山の神のご神体、狩猟に携行するオコゼといったマタギたちの信仰用具もある。醜《しこ》女《め》であるという山の神は、自分より醜い姿をした干し固めたオコゼを持ち歩くマタギに獲物を与えると信じられているのだ。

これらに私は息を止め、ひときわ熱い視線を送った。神の領域である山に入り、動植物の命を頂くため、「又、鬼になる」と言うことからマタギ（又鬼）と呼ばれるようになったという説があるように、マタギの習俗は強固すぎるほどのおきてがあり、また自らも生死を委ねることから、神々へのご加護を求める信仰心に支えられて成り立っている。

最後に訪ねた第五資料館は雪国生活用具館だった。豪雪地帯ならではの人々の創意工夫された道具などが多様に展示されている。それらに触れ、学ぶことによって、先ほど見つめたマタギ文化がさらに奥深くわが心に刻まれていくのを感じた。

豪雪風土、マタギ文化、山の神への信仰心……。それらが三位一体となって、この西和賀を形づくってきたことに気付き、ここは私の日本一好きな博物館になった。

［第20話（94ページ）参照］

第16話

竜棲まう山塊・南昌山

標高848メートル。雫石町と矢巾町との境界にそびえ、盛岡市内のほぼどこからでも眺望できる周辺住民たちにとっての故郷の山・南昌山。古くは毒ヶ森と呼ばれていた。山中に棲《す》む竜が暴れると雲が峰を覆い、その毒気で里人を苦しめたという伝説が毒ヶ森の由来である。果たして竜とは何だったのだろう。そして里人を苦しめた毒気とは何を意味しているのか。

この毒ヶ森を「南部繁昌」を略し、南昌山と改めたのは盛岡藩5代藩主の南部信恩。越前からの旅の僧・空念の進言だったというが、わざわざ改称までして、古代からの負の遺産をプラスのイメージに転じさせるという作業は、一種の願掛けだったのだろうか。この時、併せて山頂に「青竜権現」を祀っている。

付近の赤林山、箱ヶ森などを含め、独特な山容が並び立つ山塊は、「雲がかかれば雨が降る」と言われるように、いわば天気予報の山としても親しまれてきた。

農業に適度な雨は必要であろうが、悪天候が続くと作物が育たず飢饉を呼び込む。そう考えると、この雨の前兆である〝山塊にかかる雲〟は、〝竜が吐く毒気〟そのものだったのかもしれない。

さて、語り継がれている伝承はまだある。

「岩手」の名の起りとなった伝承を持つ盛岡市名須川町の三ツ石神社。この三ツ石に、詫びの手形を残した羅刹鬼《らせつき》が飛び去った先も南昌山とされる。

宮沢賢治がここを何度も訪れ、題材にして数々の作品を遺したことも、南昌山が持つ神秘性に賢治が気付いていたからかもしれない。

山頂には今も「青竜権現」が祀られており、登山愛好家にとっては親

ぬさかけの滝

しみある山であるが、近年、この山塊の上空や中腹で怪光現象の目撃が頻発していることも関心をそそられる。それがＵＦＯなのか、自然現象なのか、あるいは人工的なものなのかはわからない。

人の心を引きつける見えない魅力が、この山の気配が醸す「怪しさ」と一体となって漂っているように思える。

南昌山塊の麓には落差７メートルの「ぬさかけの滝」があることも忘れてはならない。「ぬさがけ」は漢字で「幣懸」と書く。古来、マタギが入山する際に、猟の安全を祈願して御幣を納めた風習から名付けられた滝であるが、併せて雨乞い信仰の儀礼にも大事な場であったと伝えられる。それらの謎については、また別の機会に取り上げてみたい。

［第18話（84ページ）、第37話（１６８ページ）参照］

第17話

盛岡の海嘯難死者供養碑

三陸から100キロメートルも離れた盛岡市内に明治29（1896）年の「三陸大津波」の供養碑があることをご存じだろうか。

愛宕町の養廣山正傳寺の境内に建っている「三陸海嘯難死者供養」の石碑がそれである。

史料によると、岩手県内の明治大津波碑は104基あるというが、盛岡にはこの1基のみである。明治35（1902）年に建立されている。

津波のことをかつて「海嘯」と言った。「かいしょう」と読む。海が嘯《うそぶ》く。嘯くには「大きなことを言う。ホラを吹く」という意味があるが、同時に「平然として言う」という意味も持つ。つまり「海が大きなホラを吹く。そして平然としている」ことが「海嘯」なのである。

10年前の東日本大震災に伴う大津波を経験してみて、確かに津波とはそういうものだということがわかってきた。悪夢のような被害を及ぼしておきながら、海はその後すぐに何事もなかったかのようにケロッとしている。多くの大切な日常を壊し、多くの人命を奪い、多くの悲しみを与えながら、ふと振り返ってみると、波が静かに打ち寄せているだけの海がそこにあるのだ。

大事なものをさらってしまった海ではありながら、浜の人たちからすれば、その後も糧を得る場として奥歯を噛み締めて共生していかなければならない。皮肉なものであるが、まったく「海嘯」とはよく言ったものだと感じる。

石碑には明治29年6月15日の三陸大津波の死者数などが刻まれている。旧暦でいうと5月5日の夜8時に到達した海嘯で、岩手・宮城・青森で計29073人が犠牲になったと記されている。うち岩手での犠牲者は25413人に及ぶ。いかに三陸岩手の被害が飛び抜けて大きかったか、伺い知ることができる。

さて、どうしてこのような供養碑が、海から遠く離れた盛岡の正傳寺に建立されているのだろうか。

当時沿岸に出かけていて犠牲になった商売を営む檀家さんが正傳寺に多かったのか。正傳寺がある寺町地区は、沿岸から塩を輸送した街道、いわゆる「塩の道」の、盛岡側の終着点である。逆に沿岸へ物を運ぶ場合は、起点となっていたのがこのかいわいであるということも、大きな意味を持っているのではないだろうか。

人々の記憶の風化は繰り返される災害の危機感まで消し去ってしまう。時々こうして意識的に、過去の大津波にまつわる碑などに触れることは大きな意義を持つはずだ。

災害は、いつ、どこにでも訪れる。過去を見つめ、記憶を再発見することが防災意識を高め、一人でも多くの人命を守ることにつながる。

先人が建立した災害の供養塔には、そんな重要なメッセージが刻まれているのだ。

第18話

ぬさかけの滝異聞

その昔、マタギなど山仕事する民たちが盛岡の南にそびえる南昌山に入る際、山神に幣を奉納し、安全を祈ったと伝えられる滝が「ぬさかけの滝」である。

クマ出没におびえつつ対峙した瀑布《ばくふ》は、高さ7メートル、幅4・5メートルで実に見事。上流にも滝が連なって見える。

古くから山中の竜神が暴れ、毒気を吐いて里人を苦しめると伝承されてきた南昌山は、かつて毒ヶ森と称された。

その山頂には、天候安定を祈願して奉納された石柱や「雨乞い信仰」

の獅子頭が奉納されている。この山塊は「雨を司る神＝竜神」が棲まう聖域なのだ。

今も昔も自然界の猛威の前に人間はなすすべもない。毎日の天候も同様である。特に農民にとって安定した生活に最も必要だったのは雨や日光という天の恵み。バランス良く与えてもらえる天候こそが豊かな農作物を育み、ひいてはそれが領内の安寧、人々の幸福につながる。

宮沢賢治は「雨ニモマケズ」で「日照りの時は涙を流し、寒さの夏はおろおろ歩き」と書いた（※原文は全て片仮名表記）。冷夏や日照不足ばかりが凶作や飢饉を生むわけではなく、日照りもまた同様に飢饉の要因になる。その日照りを回避するために不可欠だったのが「雨乞いの儀式」である。

「ぬさかけの滝」の前に身を置いて考えてみた。

ここからは私の妄想も多分に含まれている。

竜神棲まう南昌山では、山頂に奉納された獅子頭に雨乞い祈願するとともに、この滝壺においてもまた雨乞い神事が執り行われてたのではないだろうか。

古来、雨乞い神事は、神社で雨乞い歌を捧げ踊る、川の増水を願い木を川に流す、池や穴に物を投げて竜神を怒らせる、天に近い山頂で火をたいて踊る、鎌を使ってお祈りする、などなど多様な方法が全国各地で行われていたと伝えられている。

「ぬさかけの滝」が雨乞い神事の場だったとすれば、滝壺に竜神を怒らせる「何か」を投げ入れるという方法で、それは行われたのではなかろうか。

では、それはなんだったか。

農耕民族において死活問題であった日照りからの脱却には、最終手段として彼らにとって家族同様のもの、それほど大切なものを捧げて祈る必要があったのではないか。

そんな仮説を立てるとしたら、あなたなら何を思い浮かべるだろう。古来伝えられる人身御供《ひとみごくう》ではないが、民俗学的には牛馬がこの神事に使われたという話が実際に残されているのだ。

岩手には、今なお身近な場所に、こうした秘められた伝承の断片が眠っているのである。

［第16話（76ページ）、第37話（168ページ）参照］

第19話

角塚古墳と大蛇伝説

令和元年7月「百舌鳥《もず》・古市《ふるいち》古墳群」がユネスコの世界文化遺産に登録され、日本列島の代表的古墳スタイルである前方後円墳に注目が集まった。大阪府堺市の「百舌鳥古墳群」、羽曳野《はびきの》市・藤井寺市の「古市古墳群」から構成されるこの古墳群は全49基から成り、日本最大の前方後円墳「仁徳天皇陵古墳」も含まれている。4世紀後半から6世紀前半にかけて築造されたものとのことだ。

さて、そんな前方後円墳の北限が岩手だということをご存じだろうか。奥州市胆沢にある「角塚《つのづか》古墳」がそれである。

「角塚古墳」は全長45メートル、前方部の長さは約17メートル、後円部の直径は30メートル弱。地元で古くから「塚の山」「一本杉」と呼ばれてきたが、誰がそこに葬られているかは謎のままだ。

場所的に、古代東北のエミシの族長・アテルイの墓ではと色めき立つ歴史ファンも多いかもしれない。しかし残念ながら年代が違う。アテルイより約300年前にすでにこの古墳は成立しているという。

では、アテルイ直系の祖先かと思いたくなりがちだが、往時、いわゆるエミシの国々は混沌としていたはずだから、その可能性も低いだろう。しかし、いずれにせよ中央からはるか遠く、北の最果てとも言える地に前方後円墳（お墓）を築ける権力者がいたということには、それはそれで大きな意味が隠されているはずである。

さて、考古学的な見解は置いておいて、今回は土地に残る言い伝えを紹介したい。

その昔、高山掃部長者《たかやまかもんちょうじゃ》と呼ばれる長者がいた。その妻は強欲が過ぎて大蛇に変身してしまう。里人たちはいけにえを求められるなど、この大蛇に苦しめられて生活していた。やがて肥前のさよ姫がいけにえとして差し出されることになるが、信仰に篤《あつ》いこの姫は大蛇に向かってお経を読み、経文を投げつける。すると、悶絶する大蛇の角に当たり、見事大蛇は退治されて平穏が戻ったという。

角塚古墳の名はこの大蛇の角を埋めたことからきている。以来、たたりがあるのでこの塚を荒らしたり壊したりしてはいけないと信じられてきた――。

「大蛇伝説」というものが、河川氾濫と関係深く語り継がれることは全国各地で共通するが、この伝承の舞台・胆沢もその例外ではない。むしろ岩手では水にまつわる災いや諍《いさかい》に長く苛まれてきた土地として胆沢平野は知られている。

そんな観点も含めてこの昔話を考えると、伝承発生は時代的に言えば、古墳の成立よりずいぶん後世であろう。土地の事件、事故を物語化する際、すでにあった古墳の謎めく存在感が利用されたのではなかろうか。この古墳は最初から「角塚」と呼ばれていたのではなく、「大蛇伝説」と一体化した後に、古墳の呼称も「角塚」になっていった可能性もありそうである。

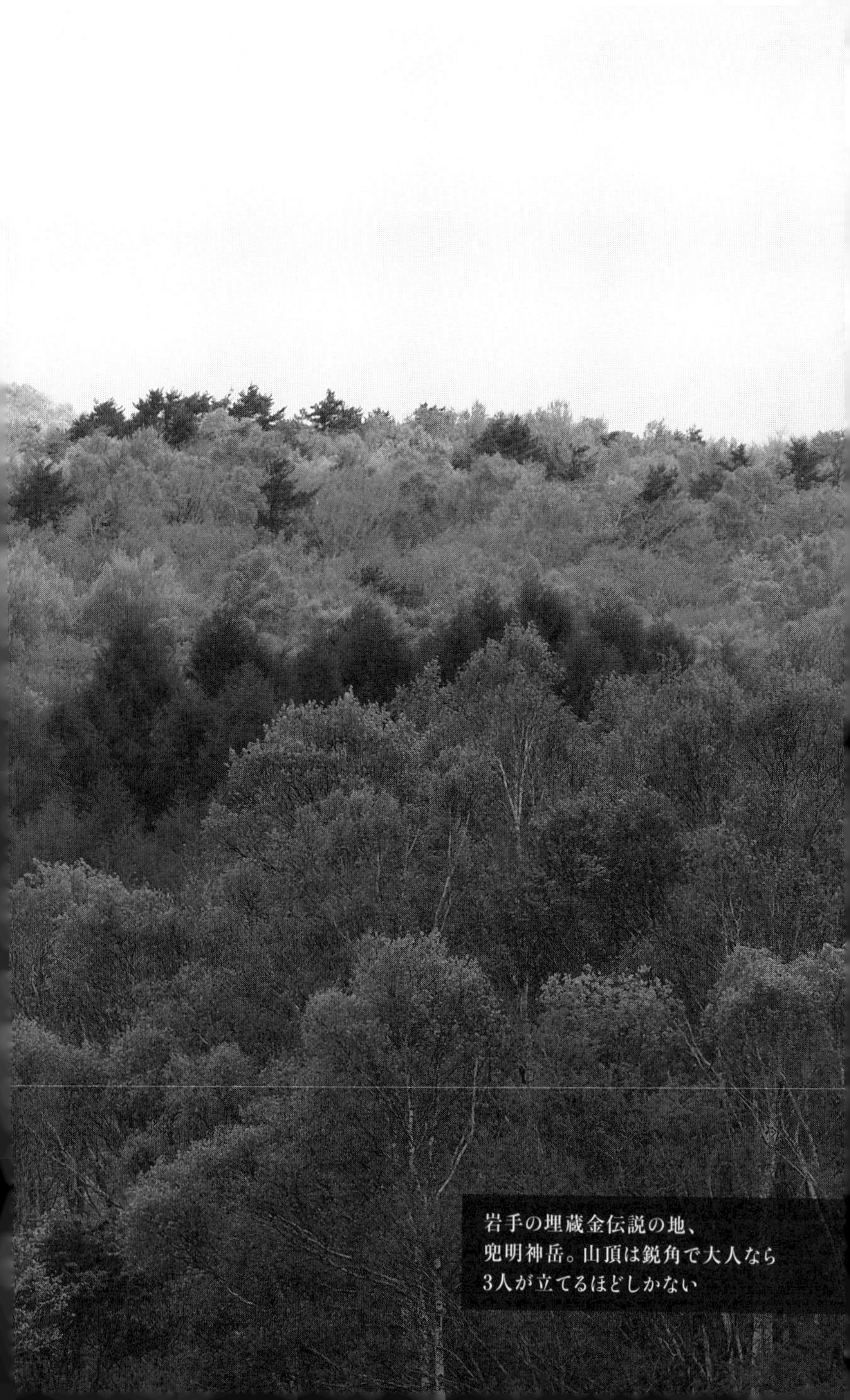

岩手の埋蔵金伝説の地、
兜明神岳。山頂は鋭角で大人なら
3人が立てるほどしかない

伝説と風習

第20話

山の神談義

12月12日は「山の神様の年取り」と言って、木挽《こび》きや炭焼き、猟師など、山を生業としている人たちは山に入ってはいけないと言われてきた。この日は山の神が木の数を数える日で、それを邪魔すると大けがをするなど、良くないことが起きるからと戒められている。そこでこの日は山仕事を休み、朝からごちそうを食べて酒を飲み、日頃の恩恵に感謝したというのである。

このように山の神を祀る人たちの間にはさまざまな決まりごとがあったようである。特にマタギと呼ばれる人たちには縁起を担いだり、口にしてはいけない言葉があるなど、おきてめいたものが多かったようだ。夢見が悪いと予定していた猟をやめにする。祝儀があると山に入らない。猟に出る前の1週間は性行為をしない。猟に出かける際も妻に見送りさせてはならない。死と苦につながるので4と9という数字を忌み嫌う。数字で言うと12も山の神が嫌うからダメ。12人で狩猟に出かけてしまった場合は人形を一つ作り、13人に見立てる、など。

しかし12月12日が「山の神様の年取り」であり、12月だけでなく毎月12日を山の神の日としている地方もあるのに、どうして12を山の神が嫌うのだろう。単に12にゆかりのある神様を、人間ごときが模するようなことは避けるべきということなのだろうか。

さて、早池峰山、六角牛山《ろっこうしさん》、石神山の「遠野三山」の神様はみな若くて美しい女神と伝わっているが、これは特例の部類ではないか。山の神

＝女性神が、嫉妬深い醜女と広く流布されているのは有名だからだ。そのためマタギ流の山の作法では、醜いオコゼの干物を携行して山の神のご機嫌を取る。こうすることで気分よく恩恵を与えてくれると信じられているのだ。入山するために祝儀や性行為や妻の見送りまでも避けるほど神経質になる理由もここにあるのだろう。嫉妬で怒らせては元も子もない。

オコゼの携行以上に、山の神に好かれるための秘策として、山の中で己の男根を出し、これ見よがしに振り回すという、嘘のような方法も猟師や釣り師からよく聞く。山の神は男根が大好きとされているからだ。実際にやってみた人は効果テキメンと笑う。恩恵に預かった男は結構いるようだ。私も今度、イワナ釣りの単独釣行をしたらぜひやってみようと思っている。

畏敬の念をもって伝承されてきた山のおきてなるものだが、しかしながら近世になるにつれ、見る見る失われてきているという。山での験担ぎに無頓着な若い猟師が増えているのだそうだ。古式を守ってきたベテランなどはその意識の変化に落胆し、猟銃を置く人も少なくないらしい。

残念なようだが、しかし、そうした変化は世の常である。仕方のないことなのだ。信仰心というのは時代とともに上書きされていく。そのなかで、また形を変えた新たな山の神像が山に入る人たちの心に根づき、糧を得るためのよりどころとなる。変化してなお、山というものは人知を超えた畏怖すべき異界に変わりはない。

［第15話（72ページ）参照］

第21話

スネカの夜

「スネカ」を見たことがある。もう四半世紀ほど前の小正月の晩のことだ。スネカとは三陸町吉浜に古くから伝承される小正月行事である。そこで取り交わされるのは、故郷の繁栄・豊漁・豊穣への祈りである。

スネカの語源は「スネ皮たぐり」であるといわれる。冬の間、火にばかり当たっている怠け者のスネには低温やけどができる。この怠け者の火形（斑）を剝ぎ取って回るという行為がスネカと呼ばれる由縁であるらしい。怠け者を戒めながらも、福運の到来を促すのだ。

ちなみに伝承作法が酷似する「ナマハゲ」の語源も「生身剝ぎ」から

きているというし、北三陸に伝わる「ナモミ」も「生身」の転訛とされ、共通項が多く、非常に興味深い。いずれも民俗学的には「春来る鬼」「来訪神」に類する風習である。

この風習が平成30年11月、ユネスコ無形文化遺産に登録された。「スネカ」や「ナマハゲ」のほか、「甑島《こしきしま》のトシドン」「能登のアマメハギ」など、全国８カ所10を数える来訪神行事がその対象である。

さて、私が「スネカ」行事の伝統的作法をつぶさに目撃したのは、平成９年、三陸町（当時）の役場が発行する町勢要覧づくりに関わり、地域の風習を取材して回っていたときであった。

南三陸とはいえ、底冷えがする１月15日の晩である。獣とも鬼ともつかない仮面をかぶり、さらってきた子どもの足が飛び出したように設えられた米俵を背負った「スネカ」の腰には、地元特産のアワビの殻がぶら下げられており、動くたびにカラカラと音を立てていた。

目指す家に着いた「スネカ」は、まず鼻を「ゴォッゴォッ」と鳴らしてみせる。そうしながら玄関のまわりの窓や板塀をガタガタと叩くのである。それからおもむろに戸を開け、みずき団子で飾られた玄関に踏み込む。そして「泣ぐワラシァいねが！　言うごど聞かねぇワラシァいねが！」と家人に向かって叫ぶのだ。家の人は「おらが家さはいねがす」と答える。すると今度は「カバネヤミはいねが！」と問う。カバネヤミというのは怠け者という意味だ。家人は「カバネヤミもいねがら帰ってけで！」と叫ぶ。このやり取りがあった後、一升酒や包み金が持たされる。聞けば昔は切り餅が持たされたものだという。そうしたやり取りの中、子どもらはおびえ、泣き叫んで父親の胸にすがりつく。

関係者によれば「スネカ」は地域の深山である「大窪山」であったり、

霊山として知られる「五葉山」であったり、実在しない「天狗岩」から来るのだそうだ。いずれにしても「スネカ」は海からではなく山からやって来るようだ。
「スネカ」は家を出て行く時、決して家人に背中を見せることがなかった。後ずさりをしたまま玄関を出ていくのだ。これもまた古来からの作法だという。そうして「スネカ」はまた喜々として雄たけびを上げながら集落の別の家へと向かって行くのだった。

［第22話（102ページ）参照］

第22話
鬼喜来タラジガネ

平成30年に吉浜の「スネカ」がユネスコの無形文化遺産に登録された時、大船渡の友人から「似た風習がもう一つあるのを知っていますか?」と電話がきた。それが「タラジガネ」だった。初めて聞いた名称だった。しばらく途絶えていた小正月の風習を近年復活させたもので、「スネカ」の吉浜と同じ旧三陸町の越喜来《おきらい》崎浜地区に伝承されている風習とのことだ。

「タラジガネのタラは俵、ジは爺。つまり俵爺だという説があるみたい。でも地元では訛ってタラズガネと言っていますがね」

「タラズか……、じゃあ、ガネは?」と聞き返すと「さあ」と笑っている。まさか尾張弁などの「〜がね」でもあるまいし、子どもなどが親に何かを報告するときに言う「〜がね」ももちろん違うだろう。もしかして〝俵爺〟は手にした金を配ったりするとか、鉦《かね》を振ったり打ち鳴らしたりしながら暴れているとか……。そんな妄想をしながらさらにネットで調べてみた。

見つけた画像は、確かに俵みたいな蓑笠を着ており、鬼の面などを被っていたが、手には巨大な包丁を持っているだけ。異形の姿ではあるが「ナマハゲ」や「スネカ」と大きく違った点はなかった。包丁を金物というが、それを指して「俵爺金」でもないだろう。

ところで、越喜来はかつて「鬼喜来」と書かれていたとの説がある。鬼が、喜んで、来る、だ。おそらく古代エミシの棲む土地だったのであろう。土着の彼らを鬼と呼んだのは当然征服者側であるが、人気を博した鬼滅ウンヌンよろしく、鬼にも鬼と呼ばれた側の都合というものがある。必ずしも鬼＝悪ではない。しかし、「タラジガネ」の原点に、権力にまつろわない鬼と呼ばれた人たちの姿を重ね合わせている可能性も、この土地の歴史風土を考えればなくはない。

さて、話を戻そう。「ナマハゲ」や「スネカ」と同類の、民俗学でいう「春来る鬼」に「タラジガネ」が類するのであれば、ネーミングの成立に統一感があるべきだ。「ナマハゲ」や「スネカ」や「ナモミ」など全てが、冬の間、囲炉裏のそばにばかりいる怠け者を戒めに来る存在として成立している。「ナマハゲ」も「ナモミ」も「生身剝ぎ」から、スネカは「脛皮たぐり」からきている。では、「タラジガネ」は？　ということになるのだが、これがわからない。仮に「俵爺金」だとしても前述した法則に当てはまっていない。統一感がないというのはやはり違和感を覚えてしまう。

どうも釈然としないナァと、ここまで書いて私は昼寝をした。そして起きがけ、なんと一つひらめいてしまった。

「タラジガネ」というのは囲炉裏のそばで低温やけどを作っているほどの〝怠け者そのもの〟を指すのではないか。岩手では「きちんとしていない人」「だらしない人」を「だらすがねぇ奴」と呼ぶ。つまり「タラジガネ」は「だらすがね」。実際地元での発音も「タラズガネ」だというし……。

［第21話（98ページ）参照］

第23話

兜明神岳貞任黄金埋蔵伝説

夏鳥の鳴き声の軽やかなＢＧＭに歓迎されながら、私は盛岡市立区界高原少年自然の家を起点に兜明神岳《かぶとみょうじんだけ》を目指した。

兜明神岳は標高１００５メートル。その鋭くとがった山容は蠱惑的な気配を漂わせている。そして、この山塊には古くから「埋蔵金伝説」が残されている。

平安後期に栄えた東北の豪族・安倍氏が前九年の合戦で滅亡する直前、一族再興を願った安倍貞任によって、黄金の延べ棒９本、黄金の延べ板15枚、多量の砂金が兜明神岳のどこかに埋蔵されたという言い伝えが残るのだ。

ちなみに、岩手の「埋蔵金伝説」の地として兜明神岳とともによく知られているのが平泉の金鶏山だろう。奥州藤原氏の3代秀衡が築いた人工の山・金鶏山に、黄金づくりの鶏2羽、漆1万盃、黄金1億両を埋蔵したとされる伝承だ。

古代東北の雄たちは滅びてなお、謎に満ちた黄金ロマンを残すのである。

そんなロマンに背中を押され、一獲千金に挑むトレジャーハンターたちは近年もなお兜明神岳の山中や、その麓からほとばしる閉伊川源流部を探っているとうわさに聞く。しかし、極秘裏に埋め隠されてこそ埋蔵金であるわけだから、ヒントとなる文献や地図が残されるはずもなく、夢追い人たちは出所すら曖昧な口伝のみに頼って野山をさまようのみなのである。

だが、世界遺産となって保存管理が行き届いた金鶏山と違い、今も兜明神岳には黄金発見の夢が生きている。

黄金埋蔵探査隊を結成して、真剣に調査してみる余地はあると踏んでいる。

その下見のつもりで、喧《かまびす》しいハルゼミの大合唱の中、小学生でも楽々歩ける登山道をゆっくりと進んだ。小1時間ほどで山頂を形成する岩塊、いわゆる「兜岩」の下に広がる「かぶと広場」に到着した。

埋蔵金を隠すなら鋭角な「兜岩」山頂ではなく、岩山の根元に点在する岩窟などではないか。私はそう想像し、熊よけ鈴を派手に鳴らしながら雑木林に潜り込み、岩陰を覗き込んでみる。

独特なワクワク感。それはまさに伝説ロマンに挑む体験でしか得る事のできない恍惚感に満ちあふれたものであった。

かつて地元・旧川井村の知人から教えてもらった話が頭をかすめた。

「兜明神岳と連なる北側の岩神山に、弁慶が隠れた洞窟があるらしい」

その言い伝えと相まって、伝説はひときわ輝き出す。

時代も場所も微妙に違うが、その振り幅にこそ本当の秘密が隠されているのではないか、と直感した。

そう、私も夢追い人である。同志を求めたい。

第24話

御船霊様の証言

宮古市の港町で生まれ育ち、傘寿を超えた私の母は、幼い頃「御船霊《おふなだま》様《さま》」であった。

いきなりそんなことを言われても、なんのことかさっぱりわからないだろう。御船霊様とは簡単に言うと航海安全や大漁を祈願する船の守り神である。木造船の場合、舳先《へさき》の梁《はり》部分を四角くくり抜き、その穴の中に御神体を納めて祀った。かつて、ほぼ全国各地で船霊信仰が伝承されていた時代、御神体は男女一対の人形を基本とし、その他にサイコロや古銭、女性の髪の毛、五穀などを納めたと記録されている。土地によって多少の違いは見受けられるが、信仰形態はほぼ同様であり、大きな河を往来する川舟もその例外ではなかったという。

母は、知人の底引き網漁船が新造された折、前述した納め物のうち、髪の毛を御神体の一部として提供したのだ。その時の記憶を母はこう回想する。

「小学低学年の頃かな、遊んでいるといきなり親に呼ばれた。行くと後ろ髪を一つかみほど切られた。切ったのは親の知り合いの船主。髪の毛は新しい船に〝カミサマ〟として納めるという話だった。それからは漁期の始まりと終わり、年末などにお礼の魚が届けられたり、乗組員の宴会の時にそのお膳が自宅に届けられたりした。宴会で上座に用意された御船霊様のお膳らしかったよ」

調べてみると御船霊様に必要な「女性の髪の毛」は、その多くが初潮前の、気が強い女児のものを、ということになっているようだ。確かに幼い頃から〝キカナイ〟ことで知られていた母である。漁業経営をしていた親類からすれば、ちょうど良かったのだろう。

御船霊様は女神というのが通説だが、船の神様が総じて女神とされるのも万国共通のようだ。そうしたことから女神が嫉妬しないように女性の乗船を忌み嫌っていた時代もある。おそらくだが、板子一枚下は地獄という過酷な状況下で働く男たちの社会にあって、女神こそ不可欠な精神的支柱だったのだ。丸みを帯びた船のフォルムが女性的な形態であることも関係するかもしれない。人間がいかんともし難い大自然と対峙し、畏敬の念を抱く世界では、最終的にお母ちゃんの強さ、優しさが頼みの綱になるのだ、という表れかもしれない。

近年、船の材質の変化や、震災津波を経たことなどで、私は船霊信仰は廃れていくのかと心配していた。そんな折、たまたま宮古漁港を母港とする底引き網漁船の船主に話を聞く機会に恵まれた。

「昔とは変わってきてるものの、いまだに船霊様は祀られている」とその人は言った。だがそれ以上、多くを語りたくない気配というものを発しているのを感じた。

強い信仰心というものは古来、不用意に部外者に語るべきではないもののなのだろう。秘めたる作法や習俗にこそ、それらを伝承する人たちの「心」が入っているものなのだ。

第25話

男助・女助の言い伝え

渓流釣りが禁漁となる9月末、雫石町の南畑川にイワナの魚影を追った。釣り竿を畳んでペットボトルを口にする。ふっと見上げた視線の先に、すっかり秋めいた空と存在感ある山塊が映った。標高758メートルの男助山である。どっしりと、まるで一個の巨大な岩の塊ではないかと思わせる佇まいの男助山。そして、この山の、南畑川を挟んだ対岸にある女助山（609・5メートル）。

この二つの山には〝男女一対〟で語られる興味深い伝承が残されている。

「昔々、この土地に大洪水が起き、全てが流されてしまった。その時、二つの山の頂きに流れ着いた男と女がいた。やがて水が引いた後、出会った二人は夫婦となって、現在の雫石の始祖となった。男がたどり着いた山が男助山、女がたどり着いた山が女助山である」

この伝承を指して「ノアの方舟」に酷似していると紹介する記事を地元ではよく目にするが、私的見解では「ノアの方舟」よりも「洪水型兄妹始祖神話」に類する伝承ではないかと考えている。

沖縄や台湾、インドシナ半島、インドネシア、ポリネシア諸島などアジア圏に点在する「洪水型兄妹始祖神話」は、「大洪水で住民が全滅した後、兄と妹の二人だけが生き残り、結婚して地域の新たな祖となる」という内容の伝承だ。

男助山・女助山に流れ着いた男女が兄妹だったという言い伝えは現状

で残されていないが、「方舟を完成させたノアによって、ノアの妻、三人の息子とそれぞれの妻、さらに全ての動物のつがいが乗せられ、大洪水の難を逃れた」という旧約聖書『創世記』などの物語よりも「生命の根源である男女が奇跡的かつ運命的に残されて土地の礎となった」という趣旨の方がここではしっくりくる。

日本国内でも珍しく、東北ではほとんど類例を見ない特異な伝承だ。

もう少し掘り下げて研究してみる価値はあると思う。

さて、濃い話はおしまいにして、単純に「二つで一つを表す自然物に」対して夫婦・男女と冠した」という岩手県内の地名・名称を最後に紹介しておきたい。

まず有名なのが男神岩と女神岩から成る二戸市の「馬仙峡」。二つを結ぶ峠が「天地峠」と名づけられているのも興味深い。宮古市の「三王岩」は男岩と女岩から成り、遠野市の「藤澤レン滝」は男滝、女滝から成る。男岩と女岩を合わせて称する「夫婦岩」は、一関市千厩、久慈市の小袖海岸、普代村の堀内とたくさんある。「夫婦杉」となると、雫石町の岩手山神社や一関市の配志和神社、普代村の鵜鳥神社にある。「夫婦桜」があるのは八幡平市の県民の森だ。

「男女」や「夫婦」と名付けられた場所や地名を大切な人と訪ねれば、そこはきっと幸せのパワーをチャージできるスポットとなるはずだ。

男助山、女助山にも登山道があるようなので、愛する人と登ってみるのも一興だ。

盛岡城跡南東角辺りの
美しい石垣。この付近に
虎屋敷があったという

動物と所伝

第26話

盛岡城下トラ騒動

盛岡市の寺町・愛宕町に、南部氏27代（盛岡南部家2代）の利直が徳川家康から賜った2頭のトラを養っていたと伝えられている正傳寺がある。この由緒から山号を養虎山と言った（現在は養廣山）。

藩政時代、正傳寺は今の場所ではなく盛岡城内にあった。城跡公園内の地図に明記されている「虎屋敷」の辺りとのことだが、探してみても特にそれを示す標柱などは見つからない。

当時は傍らの中津川に毘沙門淵があり（今の毘沙門橋下）、そのそばに正傳寺、そして「虎屋敷」があって、そこに設えられていた檻《おり》の中で、牡丹丸（雌）と乱菊丸（雄）と名づけられた2頭のトラが飼われていたのである。

ある時、乱菊丸が檻から脱走し、城下は大混乱という事件が発生したという。家康公から頂いたトラということで大いに悩んだものの、結局は利直が自ら鉄砲で乱菊丸を撃ち殺して一件落着したと伝わっている。

八幡町を駆け回る乱菊丸。逃げ惑う遊女たちの姿。腰を抜かす町民たち。妄想してみると、これはある意味かなりドラマチックな事件である。無責任な後世の一庶民（私のこと）には心踊る芝居の一場面にも思えて、かなり笑えてしまった。

さて、食欲旺盛だったトラたちには、狩りで得たシカやイノシシなどが餌として与えられていたという。しかしこれでは足りず、城下のイヌも与えられたという話がある。さらには捕らえられた隠れキリシタンもトラの餌にされることになったというが、なぜかトラたちはそれを食べることはなかったらしい。

ちなみに、当時弾圧されていた隠れキリシタンを改教させるため、冬には凍りついた川に沈めるなどして、拷問した場所が毘沙門淵だったという説話も残っている。

さて、老いて生き残っていた牡丹丸であったが、最期は餌として与えられた猟犬に首を噛まれ、それが元となって死んでしまったという。この2頭のトラたちを死後、丁重に弔う役目を担ったのが正傳寺である。

その正傳寺のご住職によれば、やって来たのはカンボジアのトラだったという。カンボジアのトラということは、インドシナトラか、その亜種のマレートラだろうか。どちらにしても今では絶滅が危惧される貴重なトラだったわけだ。食べ物の物足りなさだけでなく、寒い異国の町に送られて来たトラたちの身になれば、なんとも酷な生涯を送らせてしまったかと切なくなる。

死後、剝がされたトラの毛皮は、引き馬の鞍覆いにされ、盛岡藩の参勤交代の行装の目玉になった。その様は「もりおか歴史文化館」で常設展示されている「城下町絵巻シアター」の中で確認できる。

城下町絵巻をもとに、当時の町並みを再現している長さ8メートルのスクリーンを眺めていると時々、参勤交代の行列がやって来る。その中にトラの毛皮を鞍にした馬がいるのでぜひ探してみてほしい。

第27話

幻魚クニマス探検隊

昭和15（1940）年、玉川の強酸性水が湖に流れ込み、あっけなく絶滅してしまった田沢湖固有の淡水魚クニマス。この幻となった魚が密かに生存しているかもしれないと「クニマス探しキャンペーン」なるムーブメントが沸き起こったのが平成7（1995）年であった。最大500万円の懸賞金が懸けられた観光イベントは、当時大きな話題を呼んだ。しかし現実は厳しく、手がかりゼロのままキャンペーンは幕を閉じる。

それから15年後の平成22（2010）年、なんと山梨県の西湖でクニマスが発見される。見つけたのは京都大学の中坊徹次名誉教授。この世紀の発見に貢献したのが、あの〝さかなクン〟だった。西湖ではかなり前からクロマスと呼ばれていた魚であった。

西湖にはクニマスの末裔がいるのではという話は以前からささやかれていた。昭和初期までクニマスの受精卵や稚魚が田沢湖から各地の湖に運び出されていたという記録が残っていたからだ。西湖もその一つだった。平成12（2000）年に刊行された『田沢湖まぼろしの魚クニマス百科』に詳しく載っている。

実は私も平成14（2002）年夏、仲間たちと「クニマス探検隊」を結成して、雫石町某所の山中沼を探査したことがある。

どうして雫石町某所の山中沼に狙いを定めたかだが、前述の本に「昭和の初め、地元青年団が岩手県雫石町の沼（原文には名称も明記されている）に放流した」という記述を見つけたからであった。県境の山岳地帯に隔てられてはいるが田沢湖と雫石は隣町である。おそらく山仕事をする人たちの食糧として山中の沼に移植されたのだろう。十分にあり得る話だと直感し、早速、仲間である釣りの猛者たちを中心にした探検隊を編成した。ダイビングをする仲間数名も加わった。陸地や水上のゴムボートから魚を釣り、沼に潜って水中の映像からも魚影を追う。

急斜面を登ること2時間。濃密なブナの森の向こうから水面のきらめきが目に飛び込んで来た。野球場ほどの大きさの沼であった。すぐさまそれぞれ得意な方法でクニマスを探る。沼の上を縦横無尽にボートで移動しながら魚を追っていたルアー陣は、イワナ、コイ、キンブナを釣り上げていた。コイとキンブナも過去に食糧用として運び込まれたものだろう。イワナは50センチメートル近いものもいた。ダイバーチームから届いた報告は、水深が深い所で8メートル。視界1・5メートル程度。沼底は軟泥ゆえ、底に降り立つと泥が巻上って視界ゼロに陥る可能性大というものだった。

タイムリミットまで探査したがクニマスには遭遇できなかった。水深423・4メートルの田沢湖と比べて、水深たった8メートルという山中沼ではありながら、冬季は完全に氷に閉ざされる厳しい環境であること、餌となる水棲生物が多種確認できたことで、希望を残したままの第1次調査終了だった。

田沢湖とは異なった環境ながら、長い時間をかけ、クニマスがこの沼に順応して生きている可能性は十分にある。

その可能性を後年、西湖の快挙が証明してくれたわけだ。

第28話

ニホンオオカミは生きている

「秩父山中に設置した自動撮影カメラに、ニホンオオカミとおぼしき遠吠えが記録されていた」という話題が以前テレビで取り上げられていた。一般的にニホンオオカミは明治38（1905）年に、奈良県で捕獲されたのを最後に、絶滅したとされている。

岩手でも「明治20年代に絶滅したと推定される」と『いわてレッドデータブック』に記されているが、果たしてそれは確実な情報なのだろうか。推定ということは確定ではない。奥深い東北の森のどこかで、ニホンオオカミは今も息を潜め、生きているのではないか。

私がそんな思いに駆られるのは、今から20年ほど前、「山伏隧道《やまぶしずいどう》」沢内村側の森の中で、ニホンオオカミと同種、あるいは混血種として語られるヤマイヌらしき姿の生き物をこの目で見たからである。

私の視線に気付くや否や、飛ぶように森の奥に駆け込む生き物の尾は太く丸まっていた。それを見送りながら、瞬間的に私はニホンオオカミ生存の可能性はあると直感したのである。

さて、ニホンオオカミが絶滅に至ったと伝えられる理由は、害獣としてオオカミ退治が推奨されてきた時代背景によるところが大きい。岩手でも古くから馬や家畜などが襲われており、明治初頭にオオカミ駆除に懸賞金がつけられている。ある資料によれば明治8(1875)年から13(1880)年までに計201頭のオオカミが捕獲されたという。

令和元年6月、大槌町金沢地区の旧家・佐々木家で、ニホンオオカミを駆除するために県内の農家から集めた分担金の受領証が見つかったという報道があった。受領証の日付は明治16（1883）年2月13日。この金沢地区には狼肉を漬けた「狼酒」や、牛馬が襲われないよう祈願する「狼祭り」などの習俗が近年まで残されていたと聞く。

害獣として駆除され、絶滅に追い込まれたとされるニホンオオカミではあるが、山を生業とする民たちの間では、シカやイノシシを追い払ってくれる益獣として認識されていたようだ。『遠野物語』をはじめとした岩手の伝承をまとめた資料にそれらは記されている。

いわく「オオカミは山の守り神であり、無闇に撃つことはなかった。懸賞金が懸けられてもそれは変わりない」。

いわく「オオカミたちは駆除されて絶滅したのではなく、我々人間との共存を捨てて、自ら居なくなったのだ」。

いわく「ある晩、山師たちは山奥に集結したオオカミたちが群れをなして早池峰山の方向へと消えて行くのを見た」。

オオカミたちは何を考え、突如として自ら消息を絶ったのだろうか。里の民たちはオオカミにおびえおののき、山の民たちはオオカミを畏れ敬った。同じ岩手においても立場が変わればオオカミは害獣にも益獣にもなるし、鬼にも神にもなる。そういえばオオカミの語源は「大神」である。神は関わり方を間違うとたたるというから、まさにオオカミとはそんな存在だったのだろう。

忽然と姿を消したオオカミたちは、また共生できるときがくるまで、深山幽谷のどこかに身を隠している、そんな気がしてならない。

第29話

鹿踊に縄文の精神をみる

年々、岩手のシカ被害が深刻化している。畑の作物を食うため人里に姿を現す。交通量の多い国道沿いでも頻繁に目にするようになった。

そんなある日、私が乗っていた車がニホンジカに突っ込まれてしまった。シカたちは、そこが道路であるとか、車が来ているとか、全くお構いなしで突進して来る。猪突猛進ならぬ「鹿突猛進」だ。もちろん車は大破であった。

岩手においてニホンジカは、もともと五葉山周辺が北限だったが、近年、気候変化などに伴う餌不足によって、以前は分布していなかった県央・県北部まで生息域を拡大している。そんな中、最近急増しているのが車への衝突被害と畑の作物被害なのだ。

さて、事故を発端に岩手のシカについて調べると、郷土芸能の「鹿《しし》踊《おどり》」にたどり着いた。岩手を代表する伝統文化なのは知ってはいたが、これも山の神様のおぼしめしだろうと、今回改めて調べ、考えてみることにした。

岩手や宮城に多い「鹿踊」の系統は大きく二つ。太鼓を腹に付けて踊る「太鼓踊り」と、身体につけた長い幕を振りながら踊る「幕踊り」だ。「太鼓踊り」は伊達藩領内に多く、「幕踊り」は南部藩領内に多いという。

発生の原点は念仏踊りで、伝承の広がりには修験者《しゅげんじゃ》が介していたという。そうした縁起もあり、どちらもお盆の前後に踊られている。先祖など亡くなった人の供養のための踊りだが、今では豊作の祈願も込められるようになっているらしい。

ところで「鹿踊」の「鹿」は「しか」ではなく「しし」と読む。岩手県文化スポーツ部文化振興課がネット発信する「いわての主な鹿踊一覧」には、157もの鹿踊団体が紹介されているが、このうち「しか」とルビが打たれているのは「上砂子沢鹿踊り」と「川代鹿踊」だけで、あとは全部「しし」である。

なぜ鹿を「しし」と読むのか。面白くなってさらに調べてみる。そして一つの解説を見つけた。そこには「山で獲られた獣の肉」を「しし」と称したと記されていた。なるほど、食肉となる獣が、すなわち「しし」なのか。考えてみるとイノシシもアオジシ（ニホンカモシカの古い呼称）も食用となってきた獣である（ニホンカモシカは国指定特別天然記念物なので食用はおろか有害駆除を除き狩猟不可）。

鎮魂や供養の踊りとして定着している「鹿踊」の根源にあったのは、一言でいえば「食べるために山で獲れた獣への慈しみ」なのだろう。命をいただけることへの感謝と祈願。そして供養や鎮魂。シカたちの姿を模した装束も、シカを真似て踊る動きも、いただく命へのリスペクトが感じられる。だとすれば現在もなお古式を守り伝えている祈りの舞踊には、糧とするために命を奪う生き物への慈しみを重んじた「縄文の精神」が脈々と流れていることになる。

生き物のテリトリーが重複する今、どちらも傷つくことなく、共生できる方法を考えることが現代の人間側の役目ではないだろうか。せめて慈しみだけは持って接しなければと思った。

第30話

摩訶不思議キツネ譚

昔、祖母が書いた随筆集にこんな話が載っていた。

土産のカツオを3本、背負いカゴに入れ、宮古市街地から同市蟇目《ひきめ》地区へ閉伊川沿いに西へ向かった。時間はまだ明けきらぬ早朝。歩いて行くと突然、金色に光る鉋《かんな》くずみたいなものがヒラヒラし、いつの間にか消えた。到着した蟇目で道中の妙な出来事を話すと、それはキツネかタヌキの仕業だろうと言われた。土産のカツオは3本のうち1本が半分ほど食いちぎられていた。

「稲荷神社信仰」「霊狐《れいこ》」「狐憑《きつねつ》き」「狐の嫁入り」など、キツネという動物はいずれもミステリアスな事象とともに語られてきた。

和井内（旧・新里村）の奥にある鉱泉の湯守《ゆもり》は一人の老人。ある晩、誰かが戸を叩くので出てみると数人の男たちが猟銃を構え、「金を出せ」と脅す。恐る恐る老人は財布を差し出すが「これでは足りん。もっと出さなければ撃ち殺す」と猟銃を突きつける。老人は叫んで逃げ出す。山奥から村まで転げながら走った。話を聞いた村の衆が、駐在さんを先頭に戻るが強盗の姿はなく、老人の財布も金に手つかずのまま床に落ちている。これは妙だと小屋の中を調べると蓄えていた食べ物が食い荒らされており、犬のような足跡が一面にある。「さては爺さん、ばかされたな」と村の衆は大笑いして引き上げた。老人は数日前にキツネの穴を松の葉で燻《いぶ》し、出てきたキツネを1匹捕まえ、皮を剝いで村で売っていた。その仲間たちが仕返しにきたのだろうと噂になった。

これは大正10（1922）年11月13日付「岩手毎日新聞」掲載の記事で『遠野物語拾遺』にも同じ話が載っている。

私自身もとても不思議な光景を見ている。

初冬の区界峠。雪は積もっていたが、風のない穏やかな夜であった。車で盛岡から区界トンネルを抜け、見通しのいい一本道を宮古に向かってゆっくり走っていると、左手の兜明神岳とその山麓斜面に動くものを感じた。視線を向けると斜面におびただしい明かりが揺れている。車を停めて凝視する。スキーのたいまつ滑降のように曲線を描きつつ一筋の列を成して明かりが明滅している。そこはかつてスキー場だったが、その時は藪《やぶ》まじりの原野になっていた。後日、区界の知人に確認したが夜間散策するような行事もなく、そんなことをする物好きもいないだろうとのことだった。

数年後のお盆の夜。その狐火目撃体験を話すと、「俺も昔見たことがある」と親父が言う。

海べりの実家に暮らす学生だった時分、夜更けにふと海の方に目をやると、突堤の先端の方にいくつもの明かりが揺れている。光は突堤の先から一つずつ海に落ちていく。音もなく、ただ淡々と。一つ、二つ、三つと落ちていく明かりを数えた。やがて16まで数えたところで、景色全体が霞むようにその明かりは消えてなくなったという。

これらはキツネの霊力が起こした現象なのか、正体不明のものをキツネの仕業にこじつけているだけなのか。いずれにしてもキツネに絡めた不思議現象というものはユニークで幻想的。とても魅力的である。

第31話

愉快で可愛いツキノワグマ

渓流釣り好きな私の仲間たちの多くは、森の中でツキノワグマに出合った話を当たり前のようにする。聞かされる側も「そんなもんだろう」と思っているせいか、大袈裟に驚いたりしない。共にクマのテリトリーにお邪魔していることをちゃんと認識しているからだ。体験談のほとんどが車内から目撃したというレベルではなく、ヒトとクマ、その二つが直接的に生身で対峙してしまう状態になったという話ばかりである。しかし出合ったクマたちの行動、生態は実にユニークで興味深い話ばかりだ。

《その1》ヤマメを狙って堰堤《えんてい》下でルアーを放り投げていると、右の視野ギリギリで黒い物が動いているのに気付いた。静かに見上げると堰堤の上にクマがいた。前足で水をバシャバシャさせ、独り遊びしている。見られていることに気付かず夢中で遊んでいる様子だ。焦りながらもなんとか右腕で腰に付けた鈴をカランと一つ。途端にクマは顔を上げて硬直。その直後、こちらは下流、クマは上流へと駆け出していた。

《その2》釣りの最中、いきなり15メートルほど対岸の藪が割れ、黒い物体が顔を出した。しかしクマは全くこちらに気付かず、ゆっくりと川に近づき、あろうことか泳ぎ始めた。「クマかき」である。こちらへ向かって来るので固まりつつ腰の鈴を一振り。すると泳ぐクマは表情も変えず、ゆっくりぐるりと元の対岸に向かい、岸に着くや否や一目散に森の中へと消えた。

《その3》林道の奥地で車を停めて釣り支度をしていた。道の向こうからやって来る黒い物が見えた。焦りつつも凝視すると若栗を片手で転がし、もてあそびながら歩いて来る。夢中になっているためか、全くこちらに気付かない。咄嗟に開けていた車の窓から腕を突っ込んでクラクションを優しく一発。クマはハッとして草むらへ飛び込んで消えた。

どれも人間の方が先にクマに気付き、彼らの「素の姿」を目撃した遭遇例だ。これらを体験した釣り人は「せっかく夢中になっているのを邪魔したようで申し訳ない気分になった」と異口同音に話していた。案外のんきというか、可愛らしく遊びながら野山の生活を楽しんでいる様子だ。

これらの逸話のように、人が先にクマに気付くということばかりが現実ではない。むしろこれらはほんの一握りのまれな例でしかない。ほとんどの場合、クマの方が野生動物として発達した臭覚などで先に人間に気付いていているはずだ。そしてそっとその場を離れ、トラブル回避してくれているだけのことである。

私も至近距離３メートルほどでクマに遭遇したことがあるが、その時はあまりの恐怖に「背を向けて走って逃げてはいけない」という教えなど忘れて爆走してしまった。このように双方が出合い頭に対峙してしまった時に悲劇は起きる。人間側が音を鳴らすなどして積極的に「お邪魔していいます」とアピールすべきだ。それが山の中での礼儀なのである。

多くの伝承が紡がれる地、
遠野郷には今もそこかしこに
いにしえの風が吹いている

文学と物語

第32話

「経埋ムベキ山」の謎かけ

晩年の宮沢賢治が病床でしたためた手帳に「雨ニモマケズ」の詩が残されていたことは有名だが、それ以外にも記されていたものがある。岩手県内の32の山名がメモされた「経埋《きょううず》ムベキ山」がその一つだ。

霊験あらたかな山に経典を埋め、神仏のご加護を授かりたいというのが古くからある埋経である。

あの奥州藤原氏も平泉の金鶏山に経典を埋めたといわれる。山頂にはその名のとおり金の鶏像が埋められているという伝説が残る。

死期が迫るのを感じていた賢治もまた、自ら県内の山々に法華経の経典を埋めて、神仏に自分の死後の世の安寧を願ったのだろうか。

賢治が列挙した「経埋ムベキ山」は32山。

旧天山、胡四王、観音山、飯豊森、物見崎、早池峰山、鶏頭山、権現堂山、種山、岩手山、駒ケ岳、姫神山、六角牛山、仙人峠、東稲山、駒形山、江釣子森山、堂ヶ沢山、大森山、八方山、松倉山、黒森山、上ン平、東根山、南昌山、毒ヶ森、鬼越山、岩山、愛宕山、蝶ケ森、篠木峠、沼森である。

名山だけでも高山ばかりでもない。地元の人以外でも知る名だたる山はもちろん、さすが賢治自身が青春時代を過ごしただけあってなのか、盛岡や滝沢、矢巾の低山、丘陵地といった渋いところが並んでいるのは興味深い。

「経埋ムベキ山々を結ぶと幾つかの星座が姿を現す」という、とても

経埋ムベキ、岩手山は
石川啄木も愛した“ふるさとの山”だ

ロマンチックな話も聞いたことがある。確かに賢治ならそういう仕掛けをもとに山をセレクトしそうだ。

この説で考えると、例えば盛岡エリアには「白鳥座」が姿を現すとい

第32話

「経埋ムベキ山」の謎かけ

う。白鳥の頭が「岩手山」、両翼が「駒ケ岳」と「姫神山」、尾羽が「岩山」「愛宕山」「蝶ケ森」、そして「鬼越山」「篠木峠」「沼森」が胴体だ。

また「南昌山」や「毒ヶ森」「東根山」から花巻方面の低山を結ぶと「わし座」が姿を現すというし、「たて座」「いて座」に結ばれる山々もあると聞く。そもそも星座の編み方は、想像する人の気持ち次第という気がしなくもないのだが。

賢治の死後、賢治が指定した「経埋ムベキ山」には実際に埋経が行われたという。彼のロマンある遺志を継いだ親族や友人たちの手によってであった。

親しい人たちによって経典が配置された地上の星座を、本当の星座の上から眺める賢治は、きっと満足げに、悪戯っぽく微笑んでいたに違いない。

第33話

早池峰山麓河原の坊奇譚

その昔、宮沢賢治は早池峰山麓・河原の坊で野宿をした。その時、体験した怪異を「河原坊（山脚の黎明）」と題した詩にしたためている。とても不思議で興味深い記述が散りばめられているが、ここに全文原文のまま記すゆとりはない。以下は「怪異のあらすじめいたもの」である。

《その日、賢治は河原の坊の大石の上に寝場所を求め、寒さに身を縮めながらも眠ろうとしていた。寝てしまうと死んでしまうこともあるかもしれない、そんな寒さであった。眠れずにいると誰かがまわりをひっそり歩いている気配を感じる。気配はやがて自分に近づいて来る。すぐそこの黒い石の上に薄い赤色の衣を着て立つ人がいるのだが、なぜか上半身が自分の目には見えない。そこは昔から人々が石を積む場所である。その後、賢治はさらに足音が峰の方から降りて来るのを感じる。その「透明な足音」は昨夜、林の中で時々聞いていたものでもあった。ほどなく南無阿弥陀仏の念仏が聞こえ、その叫びにも似た読経は自分を通り過ぎて行く。それは黒の衣の袖をあげ、黄金で唐草模様をつけたお神輿を一本の棒にぶらさげ、裸足で下って行く二人の逞しい若い坊さんであった。「誰かを送った帰りだな」。賢治は直感する。そこで賢治は「やっと自由になって眼をひらく」のであった》

おわかりだろうか。つまり、ずっと賢治はそこまで記した具体的な不思議な光景を見てはいない。気配ばかりを感じているだけなのだ。目をつむっている賢治の妄想がこの怪異を生んでいるのである。まるで金縛りの中にいて恐怖をエスカレートさせていくかのように……。

しかし、これはあくまで詩である。創作した世界であっても不思議はない。そう思って文献を漁っていると、当時、賢治と親交が深かった直木賞作家・森荘已池《そういち》が、賢治からこの詩の内容と同じ体験談を聞いたという証言を見つけた。賢治は実際に河原の坊で何者かの気配に遭遇していたのかもしれない。

早池峰山は古来、霊山として知られる場所。もっと以前は神棲む聖域であった。これは山麓に点在する縄文遺跡の多さからも想像がつく。いにしえの旅人から現在の登山者まで、聖地を巡礼する人々は神仏に近づける山の至る所に祈りを込めた石を積んできた。

そんな人たちが無数に山中をさまよってきた早池峰山では、どんなモノに遭遇しても不思議はないのだ。そういえば『遠野物語』にも、早池峰山中で仮小屋を掛け暮らしていた猟師が大きな坊主（大入道的な怪物？）に遭う話が載っている。賢治が遭遇したのもその例外ではなかったのであろう。

その反面、実際に修行僧二人がそこを歩いていたとしたら、辺鄙な石の上で野宿する男（賢治）に突然出会ってしまい、大いに肝を潰したことだろう。そして、仲間の修行僧などに「河原の坊に変な奴が野宿しててのぅ」とか「あれはモノノケやもしれず」なんて話したに違いない。そう想像すると妙に笑えてしまう。

第34話

空飛ぶ『遠野物語』

　119話を収録して明治43（1910）年に出版された『遠野物語』は、発表とともにじわじわと反響を呼び、日本の民俗学誕生につながる動きとなった。その後、昭和10（1935）年には著者・柳田國男の依頼で地元の採話者・佐々木喜善が新たに集めていた299話を『遠野物語拾遺』として追加した、増補版の『遠野物語』が発表された。

　一般に『遠野物語』と言えば、カッパ、座敷わらし、天狗《てんぐ》、山人、マヨヒガ、神隠しというあたりが主軸となる印象だが、これは増補前の本編の主役たちである。およそ四半世紀という時を経て登場してきた「拾遺」は、地名伝説に始まるが、後半に差し掛かる頃には喜善が直に聞いて集めた〝その当時の比較的新しい伝承〟が紡がれていく。これが今でいう「都市伝説」的な趣で実に面白いのである。

例えば236話にはこんな話が収められている。（以下、要約）

《昭和2年1月24日の朝9時頃、この地方を初めて飛行機が飛んだ。美しく晴れた空を六角牛山の方から現れて、土淵村の空を横切り、早池峰山の方角へ去った。村人たちはプロペラ音に動転した。飛行機についての知識のあった喜善は「飛行機だ飛行機だ」と叫んで走り、集落の家々から驚いた人々が大勢駆け出して大騒ぎとなった》

いにしえの風情が保たれてきた感のある遠野郷も、他の地域に比べればその変化は少ないまでも、ゆっくりと確実に近代化されてきていたということが、この小さな一編に垣間見ることができる。庶民が驚愕《きょうがく》した

今も往時の遠野郷の風情を残す
山口集落の水車

出来事が記された資料的価値も再評価されるべきかもしれない。

さて、今回改めてこの飛行機初目撃譚の２３６話を読み直した時、もう一つ気になる話を発見してしまった。それが一つ前の２３５話である。

以下、原文のまま記しておく。

「是も同じ頃のことらしく思われるが、佐々木君が祖父から聞いた話に、赤い衣を着た僧侶が二人、大きな風船に乗って六角牛山の空を南に飛び過ぎるのを見た者があったと謂うことである」

「これも同じ頃のこと」というのは、さらに一つ前の234話（油取りなる人さらいの話）を受けて展開される説明で、明治維新の頃のことらしいのだが、その時期はどうあれ、「大きな風船に乗って六角牛山の空を南に飛び過ぎる赤い衣を着た僧侶が二人」というシチュエーションは、いずれにしても尋常ではない。果たしてその正体は何だったのか。これだけの短文ゆえ、その他のヒントはない。

今ではいくら目を凝らしても見えない不可思議なものが人々の視界を捉えたのは、遠野郷の空が今よりも遥かに澄み渡っていたからか。それとも往時の遠野の民たちの心が澄み切っていたからであろうか。

第35話

『遠野物語』の大津波災害譚

平成23（2011）年以降、3月は日本人にとって大きな意義を持つ節目の月となった。東北人、岩手人、まして三陸沿岸部に生きる人たちにとってはなおさらである。

震災時、大船渡や陸前高田、釜石などの沿岸部への自衛隊による災害支援の最前線拠点となったのは遠野市だった。実は遠野は明治29（1896）年の三陸大津波の時も、災害支援の一大拠点となっている。沿岸と内陸を結ぶ町。今も昔も遠野は人や物の流れのクロスロードに変わりはないのである。

いにしえからの遠野地方の習俗や伝承などを収めた『遠野物語』（明治43年発行）には、明治の大津波に関連する言い伝えも記録されている。これはその第99話に見える逸話だ。あらすじを記す。

《山田・田ノ浜に暮らす福二という人は大津波で家を流され、妻と子を失った。ともに生き残った二人の子を育てながら仮住まいで暮らしていた。被災から1年後の夏の初め。月夜の渚で福二は亡き妻の幻と会う。妻は、同じく津波で死んだ男と渚を歩いていた。自分と結婚する前、二人が心通わせていたことを福二は知っていた。呼び止めると妻は振り返り、この男と夫婦になったと告げる。子どもは可愛くはないのかと問うと妻は泣き崩れるが、やがて男と立ち去り消えていった。夜明けまでその場に立ち尽くした福二は、その後、長く病床についたという》

私はこの伝承を、東日本大震災が発災する前まで、単なる幽霊話としてしか理解できていなかった。しかし今では、一人の被災者の「心の移ろい」を描いているものと私は捉えている。

仮設住宅で、男手一つで子育てしている福二という男が、1年経ったところで心身ともに疲弊のピークを迎えた。区切りをつけなければ次に進めない。しかし、それができない。葛藤の中で立ちすくむ男……。時代が変化しても被災者の心の動きに大きな違いはないのだ。

『遠野物語』の話者・佐々木喜善の大叔父に当たるという福二は、婿として田ノ浜で暮らしていた。当時の結婚は当人同士の意思より、家同士の事情で決められることが少なくなかった。後に亡くなる妻が、自分と結婚する前に愛していた男がいたことを福二は知っていたのだ。そしてそれを自ら封じ込めて生きてきた。それが大津波という地獄絵図を見せられた後、無意識に亡き妻の「本当の幸せ」を願うという形で表れたのかもしれない。だからこそ元々心通わせていたとおぼしき男の幻までわざわざ一緒に見たのだ。

非業の死を遂げた愛する人を身近に持つことで、本意ではないものの、その失った人の、あの世での幸せを願ってしまう感性。それもまた人間が持つ本能なのかもしれない。

未曾有の災難に飲み込まれた時、人は複雑かつ、本音めいた想いを吐露せずにはいられない。そしてその吐露を存分に受け止めてあげることが大切だとこの10年で私たちは学んだのである。

山頂に青竜権現を
祀る南昌山は
奇異な山容が目を引く

謎学と浪漫

第36話

姫神山は〝宝の山〟

北東北の地図を広げ、釜石市付近の五葉山から北西に定規を当てると早池峰山、兜明神岳、七時雨山、そして秋田・鹿角の黒又山がほぼ一直線に並んでいることに気付く。

これが偶然の産物だとしても、山頂に巨岩奇岩を有している共通点が面白いと、私が企画発行していたフィールドワークで岩手の謎に挑む季刊誌『ふうらい』で特集したのはもう20年も前のことであった。

その特集でメインにしたのは、前述したラインに配される玉山村（当時）の姫神山探査であった。古来、山岳修験者たちが修行に使っていたという登山ルートの城内コースを登りながら、点在する「水石」「笠石」などと称される奇岩巡りをし、ペトログラフ（古代文字）探索を行ったのである。

おびただしい奇岩の数々。その中には〝日本ピラミッド〟の定義として語られる「方位を示す石」や、かつては太陽光を反射させていたとさ

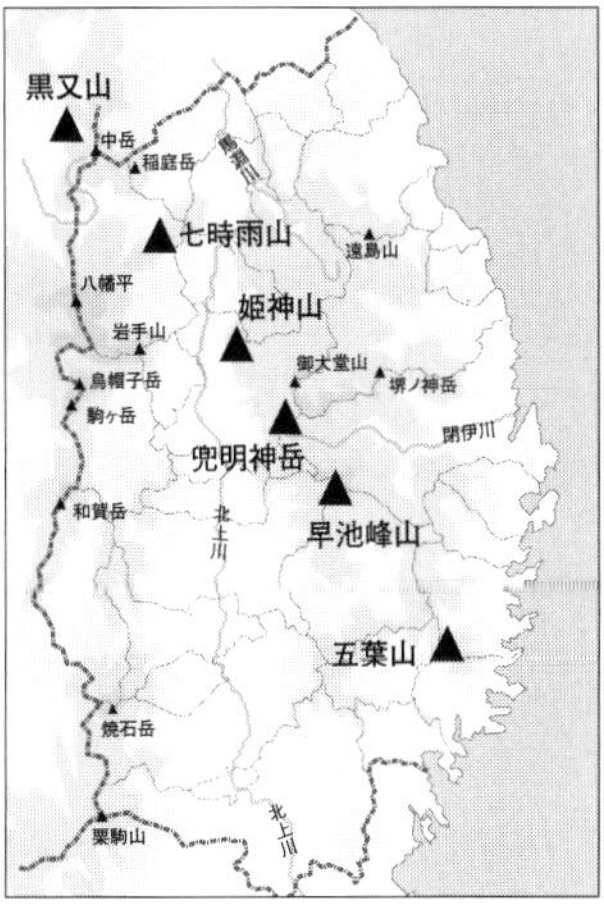

れる「鏡石」があるかもしれない。そんな仮説のもと、実際に山中を分け入り、見えるものに触れ、感じるものをレポートするといった内容だった。また岩に人工的に刻まれた古代文字探しには、石碑の拓本をライフワークとしていた知人にも仲間に加わってもらった。

その結果は詳しくここでは再録できないが、山頂付近の岩肌で見つけた△□—∨などで構成された刻印をはじめ、その他いくつかの古代文字らしきものを発見。さらに山頂から東側に下った平坦な地点には環状列石らしき岩の配置を発見することができたのだった。

先日、久しぶりに姫神山を登った。新緑の季節、あの探検取材と同じコースをたどってみると、巨石や奇岩、古代文字らしきものたちは相変わらず静かにそこにあった。

時を経て、改めて探査してみてふと気付いたことがある。

私の目には謎学の対象そのものであっても、それに関心や興味を持たない人には見えてさえいないのだろうということである。一般登山家の人たちにとって、山は山でしかなく、岩は岩以外の何物でもない。それはそれで当たり前のこと。だが知的好奇心の視点をもって登ると、姫神山は秘めたる財宝が詰まった〝宝の山〟なのである。どうせ登るなら楽しむ観点は多様な方がいいのになどと考えながら、久々の登山となった私は膝への負担に気をつけながらのんびり下山した。

［第38話（172ページ）参照］

第37話

南昌山塊が生む怪光現象とは何か

かつて岩手県内をカバーするラジオ局でパーソナリティーをしていた時分、盛岡市とその近郊のＵＦＯ目撃談について取材したことがある。

さまざまな話を聞く中、南昌山にまつわるものの多さには驚かされた。盛岡市、矢巾町、雫石町の境界に位置する南昌山には、そのどこからも怪光現象の目撃例があった。

雫石側からは、山塊の全景が見渡せる国道46号の雫石高校付近からの目撃談や、山懐に分け入った矢櫃《やびつ》ダム付近の集落での「いつも同じあたりにＵＦＯが現れる」という証言も聞くことができた。

盛岡側からの報告が最も多かった。その中の一つ、盛岡南高等学校のOBから聞いた、夕刻、部活中にグラウンドで見たという話が衝撃的であった。

最初、南昌山上空の一粒の光に目が止まった。それは細かく動いている。それはすぐに二つ、三つと分裂し、光の強さを増していった。その後、10分間ほど怪光は分裂したり、くっついたりを繰り返し、最終的には南昌山の裏手（雫石側）に消えたという。光の動きは不規則でしかも速く、飛行機などではないなと、一緒に見ていた部活の仲間たちと確認し合いました。そう目撃者は当時を思い出し、興奮気味に話してくれた。

より南昌山に接近した土地である矢巾での次の話も興奮すべき内容だった。それは30年ほど前の話であるという。目撃者は南昌山の山懐にある開拓集落に実家がある方だ。話を忠実に再現して紹介しよう。

第37話

南昌山塊が生む怪光現象とは何か

「夜の10時前だったと記憶しています。自宅の窓から南昌山の上空、やや右寄りの空に、巨大な白い光が現れ、左右に瞬間移動しているのを見ました。シュッと消えて右に行ったかと思うと、次の瞬間にはまたシ

山塊を貫くように架けられた
南昌大橋から望む南昌山(左)と毒ヶ森

ュッと消えて左に、というようなあり得ない動き。闇の中に強い光だけが左右交互に点滅しているので瞬間移動しているかのように見えるのです。でも、もしかするとさらに巨大な一つの物体がそこにあって、その母船みたいな物体の発光装置が、交互に明滅しているだけかもしれません。時間的にもかなり長く、怖かったです。家族と一緒に見ました。矢巾の人なら、あれを目撃した人は他にもいるのではないでしょうか」

山中に毒気を吐く竜が棲み、山麓の滝では古式ゆかしき雨乞い儀礼が行われてきたパワースポット。そうした古くからの信仰の山だからこそ、南昌山はいまだ解明できないような謎を身にまとって存在し続けている。

［第16話（76ページ）、第18話（84ページ）参照］

第38話

古代文字探検へのいざない

旧安代町（現・八幡平市）の七時雨山北麓にある田代平《たしろたい》高原。この高原を挟んだ北側には田代山、駒木立《こまきだち》という急峻《きゅうしゅん》な山が連なる。20年以上前になるが、このかいわいに落ちている岩のかけらや石に古代文字が刻まれていると聞き、探しに出かけたことがあった。

田代平付近で見られる古代文字は、いわゆる「北海道異体文字」に酷似しているものといわれるそうで、わかりやすく言うと鳥の足跡みたいな文字なのだという。それらが持つ意味も時代も不明であるというが、矢印状の刻みが連続し、角度を変えながら、岩の破片に記されているものがまれに見つかるのだ、と地元の案内人に聞いていた。

天然の漆が生い茂る藪の中も歩いたため、夕方には腕や首がかぶれて大変な目に遭ってしまった上、目的の古代文字は発見に至らず、残念な結果に終わったものの、超古代ミステリーのロマン探検、その楽しさは十分に味わうことができたのだった。

それから数年後。登山道から山頂に至るまで巨岩奇岩が点在する姫神山にも古代文字が刻まれた岩があると聞き、これまた探検隊を結成して楽しみながら調査登山を決行した。

この時は拓本を趣味とする隊員も加わっていたので、さまざまな巨岩で丁寧に岩の刻印を記録したが、古代文字についてはこれと言った結果を得るまでには至らなかった。

モノの本によれば、津軽半島の魔ノ岳などにも不思議な古代文字が刻まれているのが目撃されているという。また、十和田湖に近いドコノ森と称される場所にも「北海道異体文字」が刻まれた石が散らばっていると聞いた。ちなみにドコノ森の石は持ち帰ると良くないことが起きると伝えられている。

魅惑に満ちた古代文字の分布について、私は、古くから霊山や聖地として位置づけられてきた山々が関係していると推測している。

例えばそれは五葉山であり、早池峰山である。また少し低めの山だが、鋭い岩の頂きを持つ黄金伝説の山・兜明神岳も怪しいと踏んでいる。そして、こうした山々は全てが地図上に定規を当てれば、ほぼ一直線下に並ぶのも面白い。南から順に、五葉山、早池峰山、兜明神岳、姫神山、七時雨山塊、ドコノ森、そして魔ノ岳——となるのである。

これらがなぜ一直線下に並べられなければならないのか、その意味は空想に頼る以外、今のところ答えがないのだが、不思議を面白がるスタンスで現実を見聞きすると、北東北の山々にはまだ解明されていない大いなる謎、隠されてきた真実が眠っている気配を感じることができる。
ロマン探訪のテンションをどんどん上げていこう。ちょっとだけ遠出の散歩さえすれば、北東北にはそこかしこにロマンは隠れているのだ。

［第36話（164ページ）参照］

第39話

前世と宿命〈前編〉

「運命」と「宿命」の違い、わかるだろうか。

「運命」が生まれた後に決まるものであるのに対して、「宿命」は生まれる前に決まっているものなのだそうだ。「宿命」の「宿」には「前世からの」という意味があるらしい。望むと望まざるとにかかわらず、私たちは前世の因果によって決まる「宿題」を抱えて生まれてくることになる。現世は前世によって決まり、来世は現世によって決まるというわけだ。

ということは、なんらかの方法で自分の前世を知ることができるなら、今、自分が生きている目的めいたものが見えてくるのではないか。

こういう話は「信じるも信じないもあなた次第です」ではあるのだが、世界のさまざまな宗教にも輪廻《りんね》転生という考えはあるわけだし、あながち荒唐無稽な話ではない。

私の親世代の人たちに聞くと、昔はどの町にも一人や二人はいわゆる「拝み屋」さんがいたという。有名な「イタコ」はもとより、津軽地方の「ゴミソ」、私の故郷である三陸・宮古地方には「神子《みこ》」と呼ばれる民間祈禱《きとう》師が東日本大震災前まではいた。宮古には他にも「八卦置《はっけおき》」と呼ばれる占い師のような人がいたと母親から聞いたことがある。うせ物相談やイタコ的に祖霊を呼び出して対話させてくれるというのだ。

昔よりはだいぶ減ってきてはいるにせよ、ふと見回すと、わりと近いところに現代でも「拝み屋」さんがいることに気付く。「身の上相談」

というような庶民的な立ち位置であることが多いようだが、霊視など特別な能力を駆使して前世をみてくれるとも聞いていた。

さて、20年ほど前であるが、私も親しい友人Aさんと共に「拝み屋」さんを訪ねたことがある。場所は盛岡市近郊。見てくださるのは、普段は農業を生業とするご婦人で、見た目も仰々しい祈禱師という雰囲気はみじんもない。方言丸出しの割烹着姿なので、とても気さくな印象をいだいた。

物心ついたころから、おそらく霊と思われる「見えなくていいもの」が見え、幼少時代はずいぶん精神的に辛かったらしいが、やがて自分で能力のオン・オフをコントロールできるようになったのだという。結婚し、子育てが落ち着いた頃になると自分に備わった特殊な能力を、人のために役立てなければと考えるようになり、よろずの相談やカウンセリングの看板を出すようになったのだという。

「自分が現世ですべきことを知るため、前世を見てもらいたいのです」と相談すると「一つ前がどんな人生だったか知りたいということですね」と「拝み屋」さんは私たちに問いかけた。

そう言われたところで私はハタと気がついた。生まれ変わりは一度ではなく、生まれ変わりの数だけ前世があるのだ。たくさんの前世の課題を背負い、輪廻転生を繰り返す。そして、その最新の姿が現世？　そんなことを思うと、自分という存在に責任を感じるではないか。

私たちは神妙な面持ちで「お願いします」とうなずいた。

（第40話に続く）

第40話

前世と宿命〈後編〉

最初に前世鑑定してもらうことになったのは同行したAさんであった。私は待機して冷静に様子を見ることにする。

祈祷料に規定はなく、見てもらう側が事前に祭壇に奉納することになっていた。Aさんと私はほんのお礼程度の金額を包んだ。

Aさんが自筆の氏名を紙に書いてお渡しすると、拝み屋さんは宙空を見つめながら何事かおまじないを唱え始めた。しばらくすると目の焦点に変化が生じたのに気付いた。口調や声色に変化はなく、訥々《とつとつ》とAさんに向かって語り始める。

いたのは、このあたりかな」。明確な地名は告げず、手元のメモ用紙に日本地図めいたものを描き示した。

「うーん、山形あたりですかね」とAさんは絵を見ながら首を傾げている。岩手県内陸部出身のAさんに山形の親類縁者はいないと言う。

拝み屋さんは見えているものを話し始めた。

「そのあたりできこりをしていたのね。いっぱい弟子や仲間がいるきこりの棟梁かな。仕事が終わるとみんなで火を囲んで酒盛りするのが大好きなおじいさん」

「いつぐらいの時代のことなんでしょう」と言うAさんの質問に、再び宙空に視線を泳がせたあと「昭和の初め、かな」と拝み屋さんはつぶやいた。

「へぇ、ついこの間ですね」とAさんは驚く。確かに生まれ変わりのスパンとしては早い気がする。根拠はなくイメージとしてなんとなく。

「とても幸せな人生で後悔もなかった。90歳近い高齢での大往生。……ただね、心残りみたいなのが一つだけあった。……すごくめんこがってた孫娘さんがいてね、10歳よりは下みたいだからひ孫かな。その小さい子のことを心配しながら亡くなったみたいだね」

「昭和初期に10歳以下の女の子なら、今も生きている可能性があるね」

と私はAさんに伝えた。しばらく腕組みして考えていたAさんが突然「あっ」と大声を上げた。

「大学時代の親友の結婚式で、1回だけ山形に行ったことがあるんだ。俺がまだ若い頃。その披露宴の時に知らないおばあさんが私の所に来て、無言で微笑んで握手を求めて来たことがあったな。で、握手したら涙を流してさ。なんで初めて会ったのにって、すごく不思議だったよ」

その老婆が、Aさんの前世のひ孫娘だったかどうか、それはわからない。もちろん当人がそれを知って近寄り、握手して泣いたとは思えない。魂というものがあるとするなら、まさに魂と魂の会話。偶然の出来事とドライに片付けたとしても、ならばそれはそれで奇跡の出来事なのではないだろうか。

「なるほどなぁ、すごいなぁ。でも現世での俺の宿命は30歳ぐらいの時にもう果たしてしまったわけなんだな。じゃあ、あとは焚火で酒盛りするぐらいが人生の目的かな」。Aさんは笑った。

さて最後に私の前世鑑定の結果であるが、拝み屋さん、いくら私が聞いても答えてくれなかったのである。しつこく聞いたら苦笑いしながらたった一言だけ。「野山を駆け回っているよ」……だそう。

ひょっとして私の前世ってクマ？　せめて山伏ならいいのだが。

かつて盛岡藩随一の
花街として栄えた盛岡市八幡町の
消防番屋・火の見櫓

奇談と説話

第41話

何か尋常ではない物音たち

多様なチャンネルが氾濫しているインターネット全盛時代の今、怪談は夏の風物だけではなくなった。それは風情的にいささか残念ではあるが、オカルト好きな人からすれば一年を通じて楽しめるのはうれしいこと。ということで、ここでは私自身が感じた「何か尋常ではない物音」の怪異譚を三つほど紹介させていただくことにする。

《その1》

渓流釣り禁漁間際の9月末。相棒とともに山間部の朽ちたキャンプ場に野営した。テントは各自一張。

真夜中、物音に気付いて目覚めた。何者かが私のテントの周りを徘徊している。野生動物かと思ったが聴覚を研ぎ澄ますと2足歩行であることがわかった。時計を見ると午前2時。茸採りにしては時間が早すぎる。足音がテントの周りをひたすら回っているのも不気味だった。

翌朝、顔を合わせた相棒も青ざめた寝不足顔をしていた。彼も自分のテントの中で同じ足音を聞いていたのだ。

後で調べるとオバケが出ることで有名なキャンプ場だった。

《その2》

震災の翌年、友達と被災地縦断の旅に出た。テント泊をしながら三陸各地の町でささやかな復興応援をするのが目的だった。

3日目、ある町の公園で野営していると、夜更けにお母さんらしい声と幼子が歓声を上げて遊ぶ音を聞いた。こんな夜中に。最初はモラルのない母子だと思ったが、直後その声の主は増えていき、やがて無数の母子の声が私のテントの外に広がった。

翌朝、起きるなり相棒が「すごかったですね」と震える声で言った。彼も自分のテントでその異様に渦巻くかのような声を聞いていたのだ。震災で亡くなった母子たちが遊びに来ていたのだろうと頷き合った。

《その3》

座敷わらしが出ることで知られる山奥の民宿。私は東京の知人を案内してその宿に泊まった。知人家族が「出る部屋」に泊まる。

その真下の1階の部屋に私と別の友人。その部屋で酒を飲んでいると、ギシ、ギシギシなどと天井、つまり2階の部屋で音がした。知人家族の足音だと疑いなく思っていたが、やがて「いい風呂でした」と笑って知人家族が私たちの部屋に顔を出した。
2階を歩いていたのは人間ではなかったようだ。
［第42話（190ページ）参照］

さて、この手の体験談はあくまで当人がそう感じただけのことと言う人がいる。基本的にそういう勘違いは多いだろうと私も考えている。だがこれらのエピソードは、どれも私だけでなく、一緒にいた人も一緒に同じ怪しい物音を聞いている。アンチの人々ならそれも先入観が生んだ集団催眠などと言うだろう。正直私も原因はわからない。そもそも霊現象を盲目的に信じてはいない私が、それでも不思議な気配を感じたり、視界の隅に動くものを見てしまうことがあるのだ。

信じていないが感じてしまうのだから仕方ないのである。

第42話

座敷わらしの夏

ある年の盛夏、東京の友人家族を案内して遠野を旅した。小学生の息子が夏休み自由研究で「座敷わらし」を調べたい、できることなら会ってみたいというのが大マジメな目的だった。

地元に暮らしていても、おいそれと会えるもんではないのが座敷わらしだが、そんな現実的な考えは捨て去り、純粋な少年の夢をかなえてあげようということになったのだった。

座敷わらしとは、いないはずの子どもの足音や、時として子どもそのものの姿で現れる、家の守り神的な存在をいう。座敷わらしがいる家は栄えるが、座敷わらしが去った家は傾くものであるとされてきた。その正体を指して、長者の隠し子ではないかという説がある。繁栄を極めている時は密かにでも子を養えるが、家の経済状況が悪化した時、それはかなわなくなってしまう。それがその家から座敷わらしの姿や気配が消えてなくなる時なのである。なるほど、うなずける説だ。

こんな別の説もある。遠野と言えばカッパで有名だが、そのカッパと座敷わらしが同じものである、というのである。

カッパの由来・正体を語るとき、飢饉《ききん》による貧困からの口減らしという話をよく聞く。つまり養えず川に捨てられた子どもがカッパだというのである。

そうした中には死んでしまう者も多かっただろう。しかし運よく命が助かった者、そのうち、さらに好運だった〝カッパ〟が裕福な長者に拾われ、養われることとなれば、それはすなわち座敷わらしと呼ばれる存在となるというわけである。

さて、私たちは遠野市内の名所を巡った後、その日の宿である上附馬牛《かみつきもうし》大出《おおいで》の「民宿わらべ」に向かった。大出集落には創建由縁が大同元（８０６）年までさかのぼると言い伝えられる早池峰神社がある。そして、この民宿は、釣宿として知られるとともに「座敷わらしが出る宿」としても有名だった。実際、私の友人知人の数人が不思議体験をしている。

東京からの家族が荷を解いた部屋は、それまでの宿泊者が供えた玩具だらけの部屋であった。先に言ってしまうが私自身も、この夜、彼ら家族の部屋の下にある宿泊者のくつろぎスペースで、真上の部屋を歩き回る足音を聞いている。その時、家族はみんな風呂に行っており、２階の部屋は無人だった。こんな予告編もあって、私たちの期待は一気に膨らんだ。そして、妖怪ヌエの声ともいわれるトラツグミの物悲しい鳴き声まで聞こえる特別な一夜は更けて行った。

翌朝、興奮して騒いでいる少年の横で「真夜中に部屋にあったロボットが突然動き出したんですよ」と、父親が真顔で私に教えてくれた。「人影もちらっと見えたよ、あれは絶対に座敷わらしだよ」と、少年が目をキラキラさせながら続けた。

できるだけ少年の夢をかなえてあげたいと出かけた旅であったが、結局は少年の持つ純粋さが座敷わらしを呼び出した結果となったようだった。座敷わらしというのは、そんな大人たちが失ってしまった純粋さの元にしか姿を現さない神様なのだろう。

［第41話（186ページ）、第43話（194ページ）参照］

第43話

花街とザシキオナゴ

座敷わらしといえば二戸市や遠野市が有名であるが、盛岡市内にも座敷わらしが棲んでいて、出会った人に福運を授けてくれるという旅館がある。住宅地の中にある小さなお宿だ。こちらはテレビなどでも紹介されているので詳細に触れないが、先日、古い文献を漁っていたところ、同じく盛岡の古い逸話にこんな記述を見つけた。

「今から1年ほど前。三上亭という料理屋の料理人がある夏の夜更けに自室に寝ていると枕元で一人の女が座って煙草を吸っているという。かねてからこの家にはザシキオナゴがいると聞いていたので恐怖のあまり布団を被ると上からのしかかってきた。次の日の夜は枕返しに遭ったのでたまらず住み込みをやめ、外から通うようになった」

大正9年9月に、盛岡市八幡町で採話されたものであるという。

この逸話を初めてまとめたのは『遠野物語』の話者として知られる佐々木喜善で、氏の著書『遠野のザシキワラシとオシラサマ』で紹介されている。

古くから遊郭をはじめとした歓楽街として栄えてきた八幡町に、座敷わらしならぬザシキオナゴがいたというのはひどく合点の行く話に思う。しかも斜めから読めば、そのオナゴ、料理人のワケありの実在の女ではなかったのかというツッコミも入りそうな話であり、そこのところがまた花街の昔話らしいエピソードではないかと思うのである。

さて、そうしているところで、私は盛岡市内の某お寿司屋さんの大将から、こんな話を聞いた。

「座敷わらしなら、うちの2階座敷に今もいるよ」

令和時代、現代の大まじめな話である。

しかし考えてみると、この店がある町もまた、かつては「本街」と呼

現在の盛岡市八幡町

ばれる盛岡の花街だった場所。そう、往時「幡街」と称された八幡町と双璧の花街だったのである。

今度その大将に会ったら、それは座敷わらしではなく、ザシキオナゴではないのかを確かめねばならない。

そして、「本当はそれ、実在するオナゴなのではないですか」と小声で問いつめ、脇腹をくすぐってやるのである。

古都・盛岡は、人々の暮らしの習俗や風俗とともに、なかなか色っぽい噂話が息づき、言い伝えられてきた。そして、その残照は今もなお、街並のそこかしこにたゆたっているのである。

［第42話（190ページ）参照］

第44話

お菊の皿を見た話

盛岡市に、あの超有名な怪談「番町皿屋敷」に登場する「お菊の皿」が実在することをご存じだろうか。

しかも4枚もである。

「皿屋敷」は類話の多い怪談だが、もっとも有名なもののあらすじはこうだ。

火付盗賊改《ひつけとうぞくあらため》・青山播磨守主膳《はりまのかみしゅぜん》の屋敷にお奉公していたお菊という16歳の少女が、主膳の大切にしていた10枚の皿のうち1枚を割ってしまう。

主膳は1枚の皿の代わりにと、お菊の中指を切り落として監禁するが、お菊は部屋を抜け出して裏の古井戸に身を投げる。

するとと夜な夜な「1枚……2枚……3枚……」と皿を数える女の声が井戸の底から聞こえるようになる。そして、9枚目を数え終えると「1枚足りない……」と啜り泣くのだった。

ほどなく生まれた主膳と奥方の子には右の中指が無かったという。

その後、なおも屋敷内で皿数えの声が続くのに困り、了誉上人《りょうよしょうにん》に鎮魂の読経を依頼。ある夜、またしても皿を数える声が「8枚……、9枚……」と聞こえてきたので、上人は「10枚」と付け加える。するとお菊の亡霊は「あらうれしや」と言って消え失せたという——。

なぜ、そのお菊の皿が盛岡に4枚も残されているのだろうか。

お菊を責めたてた主膳は、後に浪人となり、やがて甲斐の南部家に仕えたのだと伝えられている。その2代目が盛岡に移って来た折、菩提寺としたのが盛岡市本町にある亀通山霊井院大泉寺。その際、奉納されたものを大泉寺は寺宝として今なお守っているというのである。

このお宝、公開されるのは8月16日のみとのことだが、実は私、20年ほど前に、この「お菊の皿」を実際に目にしたことがある。お盆の公開日ではなかったのだが、地元テレビ局のレポーターとして取材で訪ねたことで、ラッキーなことに特別に見せてもらうことができたのである。

その皿は平たい皿ではなく、深い皿であった。皿というより小鉢という感じ。しかも緑や黄色で鮮やかに着色されていた。

平らで白い皿をイメージしていた私は大いに驚いた。肉じゃがやグラタンに似合いそうなしゃれた深皿なのである。

私は妄想した。そうか、お菊さんはこの派手で美しい皿につい見ほれてしまったに違いない。そうしているうちに過って手を滑らせてしまったのだ。素敵なものに憧れる乙女心。なんだか同情してしまう。

ひょっとすると、その時点でもうこの皿には魔力めいたものが憑いており、それがいたずらしたのかもしれない。

伝説に真実を求めても答えはない。そこにロマンがあれば、明確な答えなどいらないのである。

興味ある方はぜひ8月16日、大泉寺を訪ねてご自身の目で確かめていただきたい。

第45話

黄金の〝河童〟を見た話

それは平成13年、遠い夏の日のことだった。その日、私は取材で紫波町の佐比内金山跡を訪ね、仕事が一段落したので近くの貯水池の畔で昼食を食べていた。車窓から水面を渡って来る風が心地いい。だが、直後、沈黙する光景の中に奇妙なものを見つけてしまったのである。

50メートルほど奥であっただろうか。この溜め池の最深部、沢水が流れ込んで来る付近。奥に行くほど狭まった地形には大小の石でできた緩傾斜の陸地があった。突如その手前の水面から「何か」がひょっこりと垂直に顔を出したのだ。プレーリードッグのように地中に巣穴を作る動物の類いが、いきなり顔だけ地上に出した感じの動きであった。そしてその「何か」は出てきた後、周囲をキョロキョロと見回し、〝見られていることに気付いたようにハッとして〟垂直に沈んで消えたのである。

「なんだありゃ」。私はぼうぜんとしながらそこを見続け、考えた。だが正体は想像もつかなかった。それから20分ほどした頃、今度は先ほどの水面近くの陸地斜面に這い上がろうとしている「何か」がいることに気付いた。ノソノソと石の斜面を上ろうとしては、それがかなわないのか、また下半身から水中に戻っていく。それを幾度も繰り返しているのだ。明らかに不気味な行動をする生き物。次第に広がる恐怖心。

カッパ？　私は瞬間的に思った。そんな私をさらに戦慄させたのは、日差しの加減でわかったのだが、その「何か」は全身が黄金に輝いていたのである。やはりカッパは実在したのか？　だとしてもカッパって緑色ではなかったか？　いや、遠野のカッパに限っては赤いと聞いたこともあるゾ。でも金色なんて初耳だ。新種か？　金山跡の近くだからか？　あり得そう。いや、まさかな。頭が混乱し過ぎて少し笑いが込み上げた。どうあれ妖怪あるいは空想上の生き物らしいものが目の前にいた。

数日後、私は強引に誘った釣り仲間とともに再びあの池の畔にいた。友人は私の話を信じ、緊張に顔を強ばらせている。おびえながら二人で池を注視すると……いた。黄金のカッパは先日と同じ水べりの石の斜面に横たわってのんびり遊んでいる風に見えた。

「マジかよ」。友人が小声で呟く。黄金のカッパはこちらの存在に気付いたか、その後すぐに池の中に姿を消してしまった。

そして次に姿を現したのは約10分後。驚くべきことに「それ」が浮上してきたのは、なんと私たちの足元だった。

肝を冷やしたものの、至近距離ゆえ、すぐにその正体がわかった。黄金のカッパとは、誰かが捨てたであろう、体長1メートルほどの巨大な錦鯉だったのである。

「なんだ」と読者の皆さんは苦笑するだろう。しかし、まずは想像してほしい。その現場で直に「それ」を見ているということを。

黄金の水生生物が水面から現れたり、陸地によじ登ろうとしている風に見えたりする様は、まさに水辺で戯れる河の童《わらべ》、カッパではないのか。

あれから20年が過ぎた。錦鯉の寿命は長くて35年らしい。あの黄金の〝河童〟はまだあの池を独り占めし、水面で戯れているはずだ。

第46話

龍神滝と雨を呼ぶ渓谷

岩手北部の秋田との県境付近に人知れず架かる橋がある。橋名板には「龍神橋」と記されている。その橋の下には沢が流れており、道路からは見えない切り立った崖の向こうに高さ3メートルほどの滝が隠れている。国土地理院の地図や釣りガイドブックを見ても正式名称は確かめられない。私は勝手に〝龍神滝〟と呼んでいる。不思議なまでにそんな名であろうという確信があった。私が偶然にもその橋や滝に出合ったのは20年近く前である。

民俗学的にいうと、龍神という地名は水を司る神が祀られていることを表しており、とりわけ滝は雨乞い神事が執り行われてきた場である可能性が高い。神聖な場所、つまり聖域である。

知ってはいたが、釣りを目的にその地に立った私は、重要な背景を無視して、たびたび釣り糸を垂らしてきた。それもこれも最初の釣行時、この滝つぼで35センチメートルの大物ヤマメが釣れたからである。気を良くした私は、以来取り憑かれたようにこの滝に向かうことになる。今思うとそれ自体が神のいたずら、誘い水だったのである。

龍神滝へと何度も足を運び、何度も大型のヤマメを釣るうち、ふとあることに気がついた。その滝の前に立つ時は、いつも雨降りなのである。行くたびに満足いく釣果はあったものの、この雨を呼ぶかのような渓谷に気味の悪さを感じ、次第に足は遠のいていった。

それからおよそ15年、久しぶりに龍神滝へ入渓した。難儀して渓谷へと降り立ち、滝つぼに釣り糸を垂らすも、あの日々のような魚の姿は拝むことができなかった。しかし、それでも久々の聖地巡礼ができた気分で私の心は晴れやかだった。

滝に近づくにつれ、いきなり暗雲垂れ込め、土砂降りの雨に打たれて危機一髪、みたいなことになるのではと心の奥では心配していたのだ。そうならなかったのは龍神様に嫌われていなかったのだと私はホッとして帰路に着いた。

だが……。帰宅して着替えをしていた私は仰天する。私の下着がめちゃくちゃに裂けていたのである。上に履いていたジーンズ、その上の釣り用胴長靴にはなんの傷跡もないのにである。もちろん転んだり、岩壁に体を擦ったり、派手に動き回った記憶はない。なのに中の下着だけが破裂したように破れていたのだ。

なんだそんなオチかと笑われるかもしれないが、私にすれば至って真面目、笑い事ではないのだ。やはり龍神様はお怒りなのだ。あの滝は遊びでは侵入してはいけない「禁足地」なのであろう。

干ばつなどの際、雨乞い神事を執り行う龍神棲まう滝の中に、儀式の一つとして馬の首を切って投げ入れる風習があったという。聖なる地を意識的に穢すことで神を怒らせ、雨を降らせるのだ。龍神滝もおそらくそうした場所の一つだったのかもしれない。

そういえば龍神滝があるエリアは、岩手県北にある古くからの馬産地である。私は二度と龍神滝に足を踏み入れないと決めた。

鞭牛和尚が手掘りで開削した
旧国道106号の隧道
（昭和40年頃撮影／著者所蔵写真）

風土と文化

第47話

旅し移ろい漂着する文化

盛岡など岩手の内陸には、驚いたときなどに使われる「じゃ」という感嘆詞があるが、三陸沿岸部の宮古とその近郊では「ざ」が同様の場面で使われる。場合によってこれらは複数回重ねられ「ざざざっ」にもなる。この辺の使用パターンは朝ドラ『あまちゃん』の中で、驚きレベルによって「じぇ」が「じぇじぇじぇ」になったりするのと一緒である。「じぇ」はこのドラマの舞台となっていた久慈の小袖だけで使われてきたといわれるが、宮古以北、小袖以南の地域では「ざ」と「じぇ」の中間に位置する発音の「ぜ」という感嘆詞もあるというから面白い。

かの民俗学者・柳田國男は自著『蝸牛考《かぎゅうこう》』で「方言周圏論」を論じた。言葉というのは、歴史の中で長くあらゆるものの中心であった京都から同心円状に伝播・定着していくので、その中心から遠くなればなるほど古い言い方が残っている、というものである。その過程には何層にもなった方言転訛のグラデーションがあるはずだ。大樹の年輪や断崖の地層のような方言的感嘆詞の階調である。

「方言周圏論」に沿って考えるなら、古いのは京都からより遠い、北の海辺の一地区に残る「じぇ」であり、岩手の県庁所在地でも使う「じゃ」の方が新しいということになるが、それが岩手のようなへき地に当てはまるのかは少し疑問だ。同じ「方言周圏論」に、船などによる海上交通によって言葉が飛び火的に伝播し、離れた地域に分布するようになるということもあると論じられているからである。例えば、宮古付近に

「ざ」が漂着し、北へと進んで「じぇ」になり、西に進んで「じゃ」になったという仮説すら可能性としてはあり得るわけだ。ちなみに気仙地域には、「じゃ」でも「じぇ」でもない、「ば」という感嘆詞が唐突に存在するのも興味深い。

いずれにしても、漂着した方言的感嘆詞は、それを使う海の民によって周辺、近隣、遠隔の漁村へと拡散され、その土地土地で転訛しながら守り伝えられてきたということになるのだろう。気になるのは、それらは果たして、いずこからか漂流してきたのか、ということである。「じぇ」を例に考えてみよう。

久慈の小袖や久喜には「海女」文化がある。そして、この同じ二つの漁村には「泣き女」の風習（朝鮮半島、中国など東アジアを中心に行われてきた葬儀などの際、意図的に号泣することで亡き者を哀惜する）が伝承されていたという。また三陸においては八戸から気仙沼まで伝統芸能の「虎舞」が分布する。これらをヒントに考えるなら、日本海を北上し、津軽海峡を通り、太平洋岸を南下して来る「対馬海流」とともに、朝鮮半島や中国の人たちが文化を携えて渡来したと考えても違和感はない。「海女」「泣き女」「虎舞」は朝鮮半島の文化でもあるからだ。この潮流は数年に一度、エチゼンクラゲを運んでくる潮流としても知られる。

古来、三陸海岸は海流がもたらす異文化のクロスロードだった。この本の別項で書いているスネカやタラジガネといった「春来る鬼」の信仰などにも、まさに潮流とともに訪れる異文化の影がちらつくし、『遠野物語』で語られる山男・山女の話にも、三陸に漂着した異邦人の存在が見え隠れする。

第48話

閉伊街道よろず話

昔々から広い岩手には街道ごとに難所が存在した。北上高地のど真ん中を横断する現在の国道106号もそんな一つ。ここでは先人たちのさまざまな苦労の変遷を経て、少しずつ改善されてきた歴史ある閉伊街道の逸話を紹介したい。

和井内村（元・宮古市）の農家に生まれ、江戸時代中期を生きた怪僧・牧庵鞭牛《ぼくあんべんぎゅう》は、46歳の時、飢饉に直面し、陸の孤島だった沿岸と内陸を結ぶ道を拓くことを決意し行動に移した。

鞭牛和尚の特筆すべきの功績の一つに、宝暦8（1758）年の「熊之穴」開削が挙げられる。難所の岩の上に枯れ草や薪を積んで燃やし、十分に熱した後、何杯もの冷水を一気にかけて急冷。すると岩は音を立てて崩れるのであった。鞭牛はこうした知識と技術を持つ科学者でもあったわけだ。

ちなみに掘削の途中で奪った動植物の命だけでなく、壊した岩などまであらゆる命を悼み、供養塔を建てたのも森羅万象に命が宿るという、鞭牛のアニミズム精神を表している。

時代は明治に入り、人々の暮らしも一新されてきた明治13年6月には、閉伊街道に「郵便小線路」ができた。盛岡・宮古間を駅伝方式で往来し、郵便物を運ぶ仕事である。饅頭笠《まんじゅうがさ》に法被、草鞋《わらじ》のいなせな姿で駆ける男たちは近隣の娘たちによくモテたと記録されている。

大正2年となり、岩手県初、そして東北でも初となる乗合自動車「盛宮自動車会社」が、盛岡と宮古を結ぶ路線で運行開始された。文明開化の音は、バスのエンジン音として早池山麓の山々にこだましたわけだ。

大正3年7月22日、新渡戸稲造が人力車に乗って閉伊街道を進み宮古を訪ねた時のこと。講演会講師を終えた翌々日、帰途についた新渡戸は川井から「盛宮自動車会社」の16人乗りバスに乗ることになった。松草に差し掛かった午後3時頃、連日の降雨で緩んだ右側の路肩はバスの重さに耐え切れず崩落し、2メートル下の藪にバスは転落大破。外に投げ出され、何人かが重傷を負い、その中に新渡戸もいた。左脚、右肩、腰を痛める重傷。日没前、ようやく通りがかった男たちに救出され、盛岡の岩手病院に入院。「人間どこで死ぬかわからん」と、ベッドで新渡戸は高笑いしていたらしい。

昭和9年、国鉄山田線がついに開通する。計画時に「こんな所に鉄道を敷いて、山猿でも乗せる気か」と原敬首相が揶揄された逸話が残る秘境路線である。山田線は昭和35年にディーゼルカーが導入されるまで蒸気機関車を走らせ、カラス列車と称された。

閉伊街道は、昭和28年に二級国道106号に、昭和40年に一般国道106号に指定された。昭和45年、岩手国体に合わせて舗装整備され、昭和53年に一次改築工事が完了して全線開通、現在の礎となった。

鞭牛和尚が玄翁を振るった頃から時は流れて幾星霜、閉伊街道は令和3年3月、復興支援道路「宮古盛岡横断道路」として全線が開通した。たった1時間と少しで盛岡市から太平洋が望める場所へと行くことが可能となったのだ。きっと先人たちはこの現実を信じることができないだろう。「キツネに化かされておるだけだ」と一笑に付すに違いない。

第49話

語源考察シトマエ談義

陽射しも春めいてきたので渓流釣りの支度を始めた。さてと今季はどこへ行けるだろう。県内の地図帳を開いて眺めニヤニヤする。

雫石川水系の支流、赤渕駅付近から竜川（雫石川）本流に合流する「志戸前川」で目が止まった。25年ほど前、よく訪ねていた渓流だ。今はどうかわからないが、当時は魚影の濃い川であり、その昔、砥石《といし》の産地でもあったと伝わる渓谷である。その奥地のどこかには地図に記されてない大きな滝まであるという。

「シトマエ」と名づけられた渓流が岩手県内にもう一つあることは釣

り人なら誰でも知っているはずだ。それが奥州市胆沢の「尿前沢《しとまえさわ》」である。このように書くが志戸前も尿前も当て字の漢字だ。どちらも濃厚濃密な深い森の中を流れ、水量は豊富、魚影も濃く、釣り人にとって憧れの渓といえる。

昔から私は語源を考察することを楽しみにしている。とりわけ地名の語源をたどることはその土地の魅力を再発見していくことにつながると思ってきた。今回、目が止まった「シトマエ」という不思議な響きにも面白みを感じてならない。

調べてみると「シトマエ」には次のような二つのアイヌ語説があった。

「シリ・トマイ＝山上に・湖水のあるところ」

「シュツ・オマ・イ＝山裾・にある・ところ」

山上と山裾。解説が両極端で釈然としないなぁというのが第一印象だった。しかし、焼石岳の山頂近くの、沼が点在するあたりを源流とする「尿前沢」は前者と確かに合致するし、秋田県境の山々を源流とし、多くの沢を集めて山裾を激しく流れる「志戸前川」は後者に当たる。アイヌ語説というものは、そのぐらいザックリしたものなのだろうか。

興味を深めつつ、さらにさまざまな研究論文を探してみた。すると、「シットク・オマ・ネイ＝肘・ある・川」つまり「肘のように曲がっている川」というアイヌ語説が見つかった。この説にはすぐにうなずけた。どちらの「シトマエ」も肘のように湾曲して流れる地形だからである。

花巻市の有名温泉場に「志戸平《しどたいら》」という地名がある。これを別なアイヌ語研究家が「シットク・タイ＝曲がり角の・森」という説で論じている解説を見つけた。「シットク」を「曲がり角」としているが、やはりこれは形状的に「肘」と同義であろう。湾曲を繰り返すという共通した渓相こそ「シットク＝シト・シド」。そう考えるとスッと腑に落ちる感を覚えた。この地名がある川は、流れが肘のように湾曲して流れている。曲がりくねりながら流れる渓流には湾曲部分にトロ場ができ、エサとなるものが滞留する。その優れたエサ場に居着いた渓魚は巨大化・大物化して、その「肘」のヌシになっていく。もしかするとかつては「肘」の数だけ大物が棲む川だったのかもしれない。

そんな釣り人ならではの空想をしながら、私の釣り支度の手は早まるのであった。

第50話

『筆満可勢』で読む幕末盛岡

江戸の浄瑠璃芸人・富本繁太夫が、文政11（1828）年から天保7（1836）年までの東北巡業を書き留めた道中日記『筆満可勢』をご存じだろうか。「ふでまかせ」と読む。

奥州藤原氏の名残りを思わせる藤原衆秀《もろひで》という偽名を使い、旅の道々で身を置いた当時の町の様子、興業の状況や遊女のこと、往時の物価などが詳細に記されている。

その頃、生活が困窮していた繁太夫は、たまたま知り合った船乗りに「芸人だったら盛岡の八幡宮の祭りが稼ぎになる」と誘われて石巻から上陸し、今の岩手、秋田を回り、その後は庄内から越後方面へと向かったという。

この『筆満可勢』に記されている盛岡の記述が実に興味深い。

遊郭のある歓楽街・八幡町の「丸屋」というお茶屋に居を構えながら、南部家の武士たちを相手にお座敷や興行をしたり、今の紫波町日詰まで出向いてお大尽の元でお座敷をやり、一晩で一両をもらったりしたことなどが事細かに記されている。

その頃の盛岡藩の決まりに、芸人が一つの場所に留まれるのは10日間までというものがあったらしい。しかし役人に賄賂を贈れば見逃してもらえたため、この男、しばらく滞在して稼ぎ続ける。

その後、遠野から釜石を経由して繁太夫は宮古に入る。目的は南部随一の遊郭街・宮古鍬ヶ崎だった。もちろんここにも長逗留し、大いに稼いだようだ。

ちなみに当時、この鍬ヶ崎の遊女たちは人気があり、盛岡の八幡町や津志田の遊郭にも出張して来ていた。今も国道4号沿いの大国神社には津志田の遊郭の遊女が奉納した額があって、中には「鍬ヶ崎○○」と源氏名が書かれた額もたくさん残っているそうだ。

さて、やがて繁太夫は盛岡の八幡町に戻る。再び居を構えたのも「丸屋」であり、宮古からのアワビの塩辛を土産にしたと記されている。なんとも豪華な土産だ。何しろアワビを塩辛にするという贅沢な発想自体が今はない。

その時分、ちょうどお盆だったことから『筆満可勢』には往時の盛岡の盂蘭《うら》盆の風情が書き残されている。

早朝から立つ盆市、盛岡ならではの作法で作られる盆棚の様子。家々では赤飯をこしらえ、御祝儀でも不祝儀でも何かあれば餅をつくということも記録されている。

その他、多くの物の価格や、公文書には絶対に残ることのない遊女たちの名前も出てくる貴重な資料『筆満可勢』。その原本は東北大学附属図書館に所蔵されているが、岩手県立博物館でも『筆満可勢』を含む『図書館学研究報告』は読むこと、借りることが可能である。

高橋 政彦 たかはし まさひこ

よろず企画＆ライター個人事務所「ＢＡＲＤ」代表。１９６４年９月13日岩手県宮古市生まれ。乙女座、Ｏ型。盛岡市在住。

　１９９５年、30歳で家業である鮮魚店の跡継ぎを辞し、かねてから関心を強めていたライター活動と本づくりに関わるため、地元岩手の編集プロダクションに入社。岩手県の観光情報誌や地域づくり情報誌をはじめ、企業や学校の記念誌、パンフレット、自治体要覧、商業広告などの制作に携わる。

　１９９７年、33歳で独立し、編集プロダクション「六花舎」設立。それまでの業務内容に加え、イベント、文化講演会、テレビ特番の企画運営なども手掛け始める。

　２０１１年の東日本大震災以降、混沌とする時代に入ると、企画ライター業とともに「エフエム岩手」でのラジオパーソナリティーや、フォーク酒場経営などにもいそしむ。

　２０１５年からは新たに、よろず企画＆ライター個人事務所の「ＢＡＲＤ」を設立。岩手を中心とした東北地方の、紙媒体、電波媒体、イベント（文化系、飲食系）、旅関係など、あらゆるプランニングと取材、執筆、編集を展開している。

　仕事のかたわら、岩手や北東北の伝説、伝承、風習、民俗学をテーマとしたフィールドワークや、地元の仲間たちと結成した「オトナ映画部」での映画の作品づくりに情熱を注ぐ（２００９年から２０２０年までにオリジナル７作品を制作）。

　また三陸の魚介類の目利き研究や音楽制作・ライブ演奏などの活動にも幅広く取り組んでいる。

《制作に関わった主な情報誌・書籍・広告》

●『フィールドワークで岩手の謎に挑む季刊誌 ふうらい』六花舎／２０００～２００３年
●『まっぷるマガジン（岩手版・秋田版・青森版・北東北版）』昭文社／２００５～２００９年分
●『大人のための北東北エリアマガジン ｒａｋｒａ』あえるクリエイティブ／２００６～２０１０年分
●椎名誠『北への旅 なつかしい風にむかって』ＰＨＰ研究所／２０１０年（２０１４年文庫化）
●『岩手共和国オキテ１００カ条』メイツ出版／２０１５年
●『青森共和国オキテ１００カ条』メイツ出版／２０１５年
●椎名誠『北の空と雲と』ＰＨＰ研究所／２０１７年
●岩手県ＰＲ新聞広告「がんばらない宣言いわて。」シリーズ／２０００年前後

［特別寄稿］

謎学と妄想のすすめ

平谷美樹

高橋政彦氏は十数年来の友人である。実は、わたしが歴史・時代小説を書くきっかけを作ったのは彼なのだが、それを語ればページがいくらあっても足りない。

彼との出会いは氏が企画発行していた『ふうらい』という雑誌であった。第36話で「フィールドワークで岩手の謎に挑む季刊誌」と説明があるそれは、わたしの担当編集たちも唸《うな》る、とてもいい雑誌であった。残念ながら休刊中で現在、ウェブでの復刊の準備が着々と進んでいる。プロフィールを読んでいただければ、氏の守備範囲の広さやフットワークの軽さが分かる。本文にもそれは散見されるが、気になったことがあれば、すぐに出かけてフィールドワークを始める。氏が住む街から、遥かモンゴルまで。ほとんど書斎に閉じ籠《こ》もって資料と睨《にら》めっこをして小説を書いているわたしとは対極にある。わたしは氏の行動力を羨望《せんぼう》し、憧れている。

氏は〈はじめに〉において、自らを〈謎学の語り部〉としている。実生活でもそのスタンスは同じで、彼と杯を交わせば謎解きと、解けない謎話が夜更けまで続く。そういう氏がしたためた本書には、まさに岩手の謎が満載で、その多くが一般の観光ガイドブックには載らない、岩手の見所であり、伝承、伝説とその考察である。

軽い観光案内的なものから、土地の伝承、かなりディープな妄想まで。オカルトやＵＦＯについても語られるが、科学的に証明されていないことを盲信することなく、常に中立の立場で、〈古今の人の心〉に寄りそう。凡百のオカルトもの、ＵＦＯものとは一線を画すものであることは、すでに読了された読者諸氏は理解されているだろう。

多くの話は一つ一つ関連がない（関連があるものについては、註釈がつけられている）。だが、読み進めていくと、朧《おぼろ》に〈岩手〉というもの、〈岩手人〉というものの本当の姿が立ち上がって来る。

古《いにしえ》の魂を未だに宿し続ける土地であり、人である。

岩手の山や川、深い森には縄文の頃から連綿と続く、目に見えぬモノたちの気配が色濃く漂っている。

朴訥《ぼくとつ》で口数少なく、心優しい――。そういうイメージで語られる岩手人であるが、その中にはあらゆるものに霊性を観ていた古の人々の心が残っていると、わたし自身も感じている。

そして、断定口調を避ける氏の語り口が、面白い効果を生む。
氏の妄想を起点として、さらなる妄想が始まるのである。
もしかしたら、あれはこういうことなのではないか――?
その土地に関することなら、別の伝説もあるぞ。それを組み合わせてみると――。
本書を読んだ方々の数だけ、新しい妄想が誕生する。
それを元に、岩手を歩いてみてはいかがだろう。
わたしにも経験があるが、フィールドワークをすると新しい切り口が見えてくる。
そうなれば、さらに面白い展開が見えてくるかもしれない。
久しぶりに、岩手を旅したくなった。

平谷美樹　ひらや よしき
作家。1960年、久慈市生まれ。大阪芸術大学絵画科卒。2000年、長編SF『エンデュミオン エンデュミオン』でデビュー。同年『エリ エリ』で第1回小松左京賞受賞。2014年『風の王国』で歴史時代作家クラブ賞・シリーズ賞を受賞。ホラー、歴史小説など著書多数。主な作品に『草紙屋薬楽堂ふしぎ始末』シリーズ、『でんでら国』『大一揆』など。

あとがき

幼少の頃から地元に伝わる多様な不思議話に耳を傾け、以来、その興味のまま地元のタウン誌などにコラムやエッセーを書いてきた。それはやがて本業となり、謎めく岩手の風土をテーマとした季刊誌を企画、編集、発行したこともあった。

しかし、興味と情熱の赴くまま続けてきた活動が長い分、たくさんの情報やネタ元が、いつ・どこで・どんなものから得たものか、曖昧になっていることも少なくない。一方、何度も引っ越しをしながらも、しぶとく書棚に残ってきた愛蔵書は多い。

読んでいただき、お気付きになられたとおり、本書で取り上げた内容は、これらの愛蔵書から受けた刺激をもとに、自分のリアルな体験とイメージとを融合させながら、深く記憶に残っている事柄をテーマとしてつづっているに過ぎない。そうなのだ、そのほとんどが私的な推論や妄想に終始している。この本を「きっかけ」に、興味を持った皆さんがそれぞれ答えを探す旅に出かけてもらいたい。

なお、本書のもととなるエッセーを連載させていただいた盛岡エリア配布のタブロイド紙『大人のための情報紙 シニアズ』編集部の皆様、そして、〝書籍化〟という書き手の念願をかなえてくださった株式会社エンジェルパサーの代表で編集者の杉山昌己さんに、感謝の意を表する次第である。特に杉山さんとは、私が盛岡の編集プロダクションに在籍し、杉山さんが出版社の社員だった四半世紀以上前からのお付き合いとなる。最初の出会いが今も伝説の季刊誌と称されている岩手県観光連盟

（当時）発行の『岩手王国』だったのも今回の出版につながる、幾つかある源流の一つであると思っている。

さらに、私という者を形成するあらゆる要素に深く影響を及ぼしている〝師匠〟である作家の椎名誠さんから、帯紙への推薦文を頂戴したのはうれしい限りだ。

また、恐れ多くも尊敬する岩手県在住の作家・平谷美樹さんから、「謎学と妄想のすすめ」と題する特別寄稿をいただいた。

こうした多くの至福に心からのお礼を申し上げて、男57歳にして初となるエッセー集の「あとがき」とさせていただく次第である。

2021年9月　まるでコロナ禍とは思えない清く蒼く澄んだ秋めく空の下で

高橋政彦

［参考資料一覧］（著者名・編者名五十音順）

池敬『北のバゲ』青磁社／1991年
石井正巳『「遠野物語」を読み解く』平凡社新書／2009年
伊集院卿・大平光人『日本ピラミッド超文明　古代遺跡に甦る人類発生の謎とは何か?』学習研究社／1991年
伊藤隆博『義経北行伝説の旅』無明舎／2005年
岩手県立博物館編『岩手民間信仰事典』岩手県文化振興事業団／1993年
岩手日報社出版部編『岩手の伝説を歩く』岩手日報社／1994年
岩手日報社出版部編『いわての郷土芸能』岩手日報社／1992年
岩手日報社出版部編『岩手の鳥獣百科』岩手日報社／1987年
岩手放送編『岩手百科事典』岩手放送／1988年
近江雅和『隠された古代』彩流社／1995年
奥田博『宮沢賢治の山旅』東京新聞出版局／1996年
川島秀一『漁撈伝承』法政大学出版局／2003年
菊池照雄『佐々木喜善　遠野伝承の人』遠野市立図書館／1996年（改訂発行）
菊池照雄『山深き遠野の里の物語せよ』梟社／1994年
金野静一『義経北行（上・下）』ツーワンライフ出版／2005年
小島俊一『岩手の山名ものがたり』熊谷印刷出版部／1996年

木像の御神体が残る箱石判官神社は
義経北行伝説ゆかりの地の一つ。
川井村箱石の山名家の裏山にある

小島俊一『陸中海岸こぼればな史』トリョーコム／1986年
佐々木永吉『随想　愛宕散歩道』自費出版／2004年
佐々木勝三・大町北造・横田正二『成吉思汗は源義経　義経は生きていた』勁文社／1978年
島香サダ『茶妥つれづれ』自費出版／2001年
杉山秀樹編・著『田沢湖まぼろしの魚　クニマス百科』秋田魁新報社／1990年
原美穂子『遠野の河童たち』風琳堂／1992年
ふうらい編集部編『ふうらい　フィールドワークで岩手の謎に挑む季刊誌（1〜13号）』六花舎／2000〜2003年
三浦佑之・赤坂憲雄『遠野物語へようこそ』ちくまプリマー新書／2010年
水木しげる『図説　日本妖怪大全』講談社+α文庫／1994年
盛岡市先人記念館編『盛岡の先人たち』盛岡市先人記念館／1997年
盛岡市仏教会編『盛岡の寺院』盛岡市仏教会／1995年
森村宗冬『義経伝説と日本人』平凡社新書／2005年
柳田國男『遠野物語』新潮文庫／1982年
柳田國男『口語訳　遠野物語』河出書房新社／2001年
吉田信啓『改訂新版ペトログラフ・ハンドブック　ペトログラフ探索調査手帳』中央アート出版社／1999年

岩手謎学漂流記地図

歴史と古伝
❶蛇の島貞任伝説［第1話］盛岡市
❷義経北行伝説［第2話］（義経北行伝説ルート）
❸頼朝は巖鷲山を見たか［第3話］盛岡市
❹忠衡はここにいた［第4話］盛岡市
❺忠衡の野望［第5話］宮古市
❻最後の武士・江釣子源吉［第6話］盛岡市

信仰と祈り
❼烏帽子岩、出現す［第7話］盛岡市
❽6人目の如来さん［第8話］盛岡市
❾石神座ノスタルジア［第9話］久慈市
❿能傳房神社譚［第10話］遠野市
⓫疫病よけの系譜［第11話］奥州市・西和賀町
⓬烏枢沙摩明王と厄災よけの祈り［第12話］紫波町
⓭盛岡大仏探訪記［第13話］盛岡市

聖域と伝承
⓮盛岡城下と鬼門封じ［第14話］盛岡市
⓯日本一好きな民俗博物館［第15話］西和賀町
⓰竜棲まう山塊・南昌山［第16話］盛岡市
⓱盛岡の海嘯難死者供養碑［第17話］盛岡市
⓲ぬさかけの滝異聞［第18話］矢巾町
⓳角塚古墳と大蛇伝説［第19話］奥州市

伝説と風習
⓴山の神談義［第20話］遠野市
㉑スネカの夜［第21話］大船渡市
㉒鬼喜来タラジガネ［第22話］大船渡市
㉓兜明神岳貞任黄金埋蔵伝説［第23話］宮古市
㉔御船霊様の証言［第24話］宮古市
㉕男助・女助の言い伝え［第25話］雫石町

動物と所伝
㉖盛岡城下トラ騒動［第26話］盛岡市
㉗幻魚クニマス探検隊［第27話］雫石町
㉘ニホンオオカミは生きている［第28話］西和賀町・大槌町・遠野市
㉙鹿踊に縄文の精神をみる［第29話］（県内）
㉚摩訶不思議キツネ譚［第30話］宮古市
㉛愉快で可愛いツキノワグマ［第31話］（県内）

文学と物語
㉜「経埋ムベキ山」の謎かけ［第32話］盛岡市
㉝早池峰山麓河原の坊奇譚［第33話］花巻市
㉞空飛ぶ『遠野物語』［第34話］遠野市
㉟『遠野物語』の大津波災害譚［第35話］山田町

謎学と浪漫
㊱姫神山は〝宝の山〟［第36話］盛岡市
㊲南昌山塊が生む怪光現象とは何か［第37話］盛岡市
㊳古代文字探検へのいざない［第38話］八幡平市・盛岡市
㊴前世と宿命〈前編〉［第39話］盛岡市近郊
㊵前世と宿命〈後編〉［第40話］盛岡市近郊

奇談と説話
㊶何か尋常ではない物音たち［第41話］（県内）
㊷座敷わらしの夏［第42話］遠野市
㊸花街とザシキオナゴ［第43話］盛岡市
㊹お菊の皿を見た話［第44話］盛岡市
㊺黄金の〝河童〟を見た話［第45話］紫波町
㊻龍神滝と雨を呼ぶ渓谷［第46話］八幡平市

風土と文化
㊼旅し移ろい漂着する文化［第47話］北三陸
㊽閉伊街道よろず話［第48話］宮古市
㊾語源考察シトマエ談義［第49話］雫石町・奥州市・花巻市
㊿『筆満可勢』で読む幕末盛岡［第50話］盛岡市

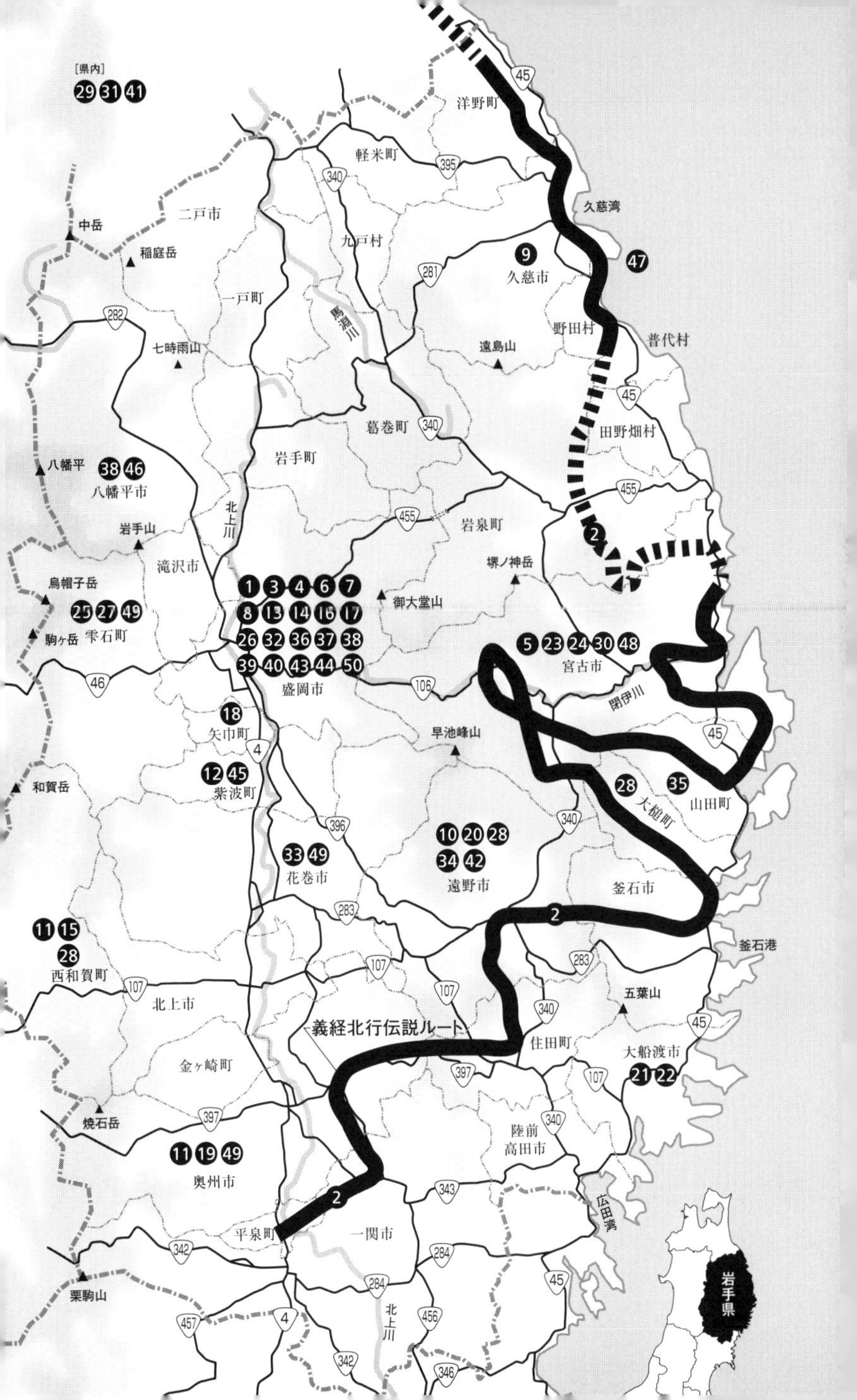

[県内]
29 31 41
洋野町
45
軽米町
395
340
久慈湾
二戸市
中岳
稲庭岳
九戸村
9
久慈市
47
281
一戸町
282
馬淵川
野田村
普代村
七時雨山
遠島山
45
340
葛巻町
田野畑村
八幡平
38 46
八幡平市
岩手町
455
北上川
455
岩泉町
岩手山
滝沢市
2
堺ノ神岳
烏帽子岳
25 27 49
雫石町
駒ヶ岳
御大堂山
1 3 4 6 7
8 13 14 16 17
26 32 36 37 38
39 40 43 44 50
盛岡市
5 23 24 30 48
宮古市
閉伊川
46
106
18
矢巾町
4
早池峰山
45
12 45
紫波町
和賀岳
28
大槌町
35
山田町
340
396
10 20 28
34 42
遠野市
33 49
花巻市
釜石市
2
釜石港
11 15
28
西和賀町
283
107
107
283
北上市
107
五葉山
340
45
義経北行伝説ルート
住田町
大船渡市
21 22
金ヶ崎町
397
107
焼石岳
397
340
陸前高田市
11 19 49
奥州市
343
2
広田湾
平泉町
一関市
342
284
45
栗駒山
284
岩手県
457
4
北上川
456
342
346

岩手謎学漂流記《いわてなぞがくひょうりゅうき》
読《よ》んで旅《たび》するイワテ50の奇譚《きたん》
2021年9月13日　初版第1刷発行

著者　高橋政彦《たかはしまさひこ》
発行者　杉山昌己
発行所　株式会社エンジェルパサー
〒985-0835
宮城県多賀城市下馬5丁目11番6号
電話 022-385-5080
https://angelpasser.jp

印刷・製本　モリモト印刷株式会社

ISBN978-4-9908969-4-2 C0095

ブックデザイン　吉宮順

エンジェルパサーは、地方の小さな出版社です。

暮らしの中にさまざまな楽しみや喜びを見つけ出そうとする人たちと一緒に、言葉とデザインを大切にし、読み継がれる本づくりを目指しています。